Vegan & lecker

Vegan & lecker

60 Rezepte für jeden Tag

Dunja Gulin

Fotos von William Reavell

Jan Thorbecke Verlag

VERLAGSGRUPPE PATMOS

PATMOS
ESCHBACH
GRÜNEWALD
THORBECKE
SCHWABEN

Die Verlagsgruppe
mit Sinn für das Leben

Aus dem Englischen übersetzt
von Renate Christ

Umschlaggestaltung: Finken & Bumiller, Stuttgart
Gedruckt in China
ISBN 978-3-7995-0580-2

Inhalt

Einführung

Ich weiß, dass die Einführungen in meinen Büchern etwas länger sind als üblich, aber ich bin davon überzeugt, dass Ihnen das Kochen und die Auswahl der Zutaten viel leichter fallen, wenn Sie das Prinzip meiner Rezepte begreifen. Auch werden Sie das Gefühl haben, dass Sie nicht einfach nur den Rezepten folgen, sondern die Bausteine verstehen, mit denen Sie Ihre eigenen Gerichte kreieren können, ohne Angst haben zu müssen, dass etwas schief geht.

Meine Reise zu gesundem Essen begann als Teenager und führte mich zu vegetarischen, veganen und makrobiotischen Rezepten, die ich probierte und liebte. Während meines Studiums fand ich die Zeit, Kochkurse zum Thema „Natürliches Kochen" zu besuchen, bei denen es hauptsächlich um makrobiotisches Essen ging. Nach meinem Universitätsabschluss führte mich meine Begeisterung für gesundes Kochen hin zu meiner Leidenschaft: verschiedene Kochweisen und -philosophien miteinander zu kombinieren, um eine gesunde Koch- und Ernährungsweise zu schaffen mit dem Ziel, das Beste zu essen, was die Natur zu bieten hat, basierend auf persönlicher Einstellung und gesundem Menschenverstand. Deshalb ist dieses Kochbuch in Wirklichkeit eine Verschmelzung verschiedener Kochweisen (vegan, makrobiotisch und roh), die sich meiner Meinung nach ganz toll ergänzen und für Ausgewogenheit in meiner Ernährung sorgen. Selbstverständlich enthält dieses Buch ausschließlich rein vegane Rezepte, was aber nicht bedeutet, dass Sie ein strenger Veganer sein müssen, um sie zu genießen.

Manche Leute glauben, dass sie allein davon gesund bleiben, dass sie tierische Produkte meiden. Leider muss ich dem widersprechen. Es gibt eine Reihe veganer Lebensmittel – weißes Brot, raffinierter Zucker, Margarine und texturiertes Soja (Sojafleisch) –, die auf lange Sicht negative Auswirkungen auf die Gesundheit haben können, wenn man sie häufig zu sich nimmt. Es müssen also noch andere Kriterien auf ein Lebensmittel zutreffen, damit es als gesund bezeichnet werden kann, als nur das eine, dass es vegan ist. Es muss auch so naturbelassen wie möglich sein, weil naturbelassene Lebensmittel um ein Vielfaches nahrhafter sind.

Unser Körper ist immer darauf bedacht, eine gewisse Balance zu erreichen. Nach übermäßigem Fleischkonsum verlangt der Körper zum Beispiel nach Eiscreme, und auf einen salzigen Cheeseburger muss süße Limonade folgen. Irgendwann ist der Körper jedoch durch diese abwechselnden Extreme so erschöpft, dass ernsthafte Gesundheitsprobleme auftreten können.

Nun, was passiert, wenn Sie tierische Produkte weglassen, aber weiterhin stark industriell verarbeitete Lebensmittel zu sich nehmen? Höchstwahrscheinlich entsteht ein Ungleichgewicht! Es ist eigentlich ganz einfach: Im Zusammenhang mit Ihrer Entscheidung, vegan zu leben, müssen Sie auch Ihre Auswahl anderer Lebensmittel hinterfragen, bestimmte Ersatzprodukte verwenden und industriell verarbeitete Lebensmittel aus Ihrer Ernährung verbannen, um gesund zu bleiben. Auf den folgenden Seiten verrate ich Ihnen, wie Ihnen das gelingen kann.

Ich hoffe, Sie genießen diese wunderbare Reise, bei der ich Ihnen über die Schulter schauen und Ihnen Tipps und Tricks verraten werde, falls einmal etwas schief geht, denn:

„Niemand, der kocht, kocht allein. Selbst die einsamste Köchin ist in ihrer Küche umringt von Generationen von Köchen der Vergangenheit, den Ratschlägen und Menüs von Köchen der Gegenwart und der Weisheit von Kochbuchautoren." (Laurie Colwin)

Ganz von vorn beginnen

Es ist ein äußerst befriedigendes Gefühl zu wissen, dass die Lebensmittel, die man täglich zum Kochen verwendet, direkt aus der Natur kommen. Ihren Körper mit reinen, natürlichen Lebensmitteln zu ernähren, ist die beste Investition, die Sie tätigen können, und bringt Ihnen und den Menschen in Ihrer Umgebung Gesundheit und Freude auf vielen verschiedenen Ebenen.

Organisieren Sie sich

Vielleicht kennen Sie Menschen, die im Nullkommanichts ein Festessen auf die Beine stellen und den Eindruck erwecken, Kochen sei die einfachste Sache der Welt. Nun, das bestgehütete Geheimnis aller begabten Küchenchefs und Köche ist eine gute Vorbereitung! Lassen Sie Ihre Lebensmittel einweichen, dampfgaren oder keimen, während Sie duschen, putzen, bügeln, lesen oder mit Ihren Kindern spielen – nicht alle Abläufe beim Kochen müssen ständig überwacht werden. Auf diese Weise haben Sie nicht das Gefühl, dass Kochen zu viel Zeit kostet. Das Schlimmste ist, hungrig nach Hause zu kommen und nichts vorbereitet zu haben, weil das zu einem Besuch in der Bäckerei gegenüber oder zum unvermeidlichen Anruf beim Pizzaservice führt. Versuchen Sie also immer gegartes Getreide oder gegarte Bohnen im Kühlschrank zu haben oder Proteine wie Seitan, Tofu oder Tempeh, die Sie ganz einfach in schnelle und gesunde Mahlzeiten verwandeln können, indem Sie ein bisschen frisches Gemüse und etwas Öl hinzufügen und das Ganze erwärmen. Ich sage meinen Studenten immer, dass Organisationsfähigkeit genauso wichtig ist wie Kochkenntnis – eine gute Planung ist schon die halbe Arbeit!

Selbst wenn Sie einen recht vollen Terminkalender haben und gelegentlich zu Konserven greifen, um den Kochvorgang zu beschleunigen, sollten Sie bedenken, dass auch die hochwertigsten Bio-Lebensmittel aus der Dose viel von ihren Vital- und Nährstoffen verloren haben. Eine gute Möglichkeit, um sicherzustellen, dass Sie die richtige Menge an Nährstoffen erhalten und gleichzeitig Ihre tägliche Zeit in der Küche reduzieren, ist es, ein paar Lebensmittel vorzukochen, wenn Sie die Zeit dazu haben, und sie als Basis für Ihre Gerichte zu verwenden, wenn Sie von der Arbeit nach Hause kommen. Getreide und Hülsenfrüchte halten, wenn man sie separat kocht, im Kühlschrank 2–4 Tage lang. So können Sie im Voraus planen.

Kochen ist wie ein Puzzlespiel: Jeder Teil des Kochprozesses ist wie ein kleines Puzzleteil, und mit Geduld und Erfahrung sind Sie irgendwann in der Lage, wunderschöne und kreative Gemälde auf Ihren Teller zu zaubern, die Sie mit allen Sinnen genießen können!

Grundlagen

Getreide kochen

Ganze Getreidekörner sind ein wichtiger Bestandteil einer gesunden Ernährung und eine großartige Quelle für komplexe Kohlenhydrate, Ballaststoffe, Vitamine und Mineralien. Eine vegane Ernährungsweise mit viel raffiniertem Getreide ist nicht gesund. Wenn also Ihre Vorratskammer nicht schon bis oben hin mit Vollkorngetreide gefüllt ist, dann schnappen Sie sich Ihre Einkaufstasche und kaufen Sie die Getreidesorten auf meiner Liste!

Wie Sie der Tabelle entnehmen können, können manche Getreidesorten vor dem Kochen eingeweicht oder ohne Fett geröstet werden, aber es ist nicht unbedingt nötig. Durch Einweichen werden harte Getreidesorten (Naturreis, Gerste, Dinkel etc.) leichter verdaulich, ebenso durch das Garen in einem Dampfkochtopf. Das Rösten ohne Fett führt zu einem nussigen Aroma. Wenn man weiche Getreidesorten (Hirse, Amaranth, Quinoa, Buchweizen etc.) in bereits kochendes Wasser gibt, dann garen sie gleichmäßiger und kleben weniger aneinander.

Hülsenfrüchte kochen

Hülsenfrüchte sind eine Klasse von nahrhaften Gemüsesorten, zu der Erbsen, Linsen und Bohnen gehören. Sie sind eine großartige Protein-, Mineralien- und Ballaststoffquelle. Auch Veganer brauchen Proteine auf dem Teller. Da sind Hülsenfrüchte genau das Richtige: Sie stecken voller Proteine, haben aber wenig Fett.

Das Garen getrockneter Hülsenfrüchte erfordert ein paar Arbeitsschritte, damit sie weicher und leichter verdaulich werden (d. h. weniger blähend wirken). Ich verwende die sogenannte Schockmethode, bei der die Hülsenfrüchte mit so viel Wasser gekocht werden, dass sie davon bedeckt sind. Bei Bedarf wird jeweils ein wenig kaltes Wasser hinzugefügt. Das „schockiert" die Häutchen und macht den Kern weicher. Wenn ich Hülsenfrüchte koche, gebe ich immer

ein Stück Kombu (Seetang) ins Kochwasser (nach japanischer Art) sowie ein Lorbeerblatt (nach meiner Großmutter Art). Beides soll Bohnen und Linsen leichter verdaulich machen.

Getreideart	Verhältnis Getreide : Wasser (in Tassen)*	Kochzeit in Min.	mögliche Vorbehandlung
Naturreis	1:2 (kaltes Wasser)	40–50	8 Stunden in der abgemessenen Wassermenge einweichen
Weißer Reis	1:2 (kochendes Wasser)	20	–
Quinoa	1:2 ½ (kochendes Wasser)	15–20	–
Dinkel und Gerste	1:2 (kaltes Wasser)	40–50	einweichen
Amaranth	1:3 (kochendes Wasser)	25	–
Buchweizen	1:2 (kochendes Wasser)	15–20	ohne Fett rösten
Hirse	1:2 (kochendes Wasser)	15–20	ohne Fett rösten

* 1 Tasse = 240 ml (für Flüssigkeiten). Bei trockenen Zutaten hängt das entsprechende Gewicht einer Tasse in Gramm von der Getreideart ab. Meiner Meinung nach ist das Abmessen von Wasser und Getreide in Tassen die einfachste und schnellste Art bei der Zubereitung von Getreide.

Hülsenfruchtsorte	Einweichen	Kochzeit in Min.	Topfart
Linsen (braune, grüne, Beluga-, Puy-)	nein	30–40	normal, Schockmethode
Linsen (rote, gelbe)	nein	20–25	normal
weiche Bohnen (Adzuki-, Mung-)	optional	45–60	normal, Schockmethode
Harte Bohnen (Kidney-, weiße, Kichererbsen, schwarze, Lima- etc.)	ja	60+	für ein optimales Ergebnis Dampfkochtopf verwenden

Füllen Sie Ihre vegane Speisekammer

Werfen Sie einen kurzen Blick auf die folgende Liste von Grundnahrungsmitteln. Sind darunter viele Dinge, die Sie bereits essen? Wenn ja, dann ist das ein sehr gutes Zeichen. Vielleicht entdecken Sie aber auch ein paar Zutaten, die Ihnen zu exotisch sind. Vor langer Zeit dachte ich das auch einmal, aber haben Sie Geduld. Sie werden sehen, wie wunderbar neue Lebensmittel sein können. Sie sind nicht nur schmackhaft, sondern enthalten auch viele Nährstoffe, die Ihnen andere Lebensmittel nicht bieten können. Es wäre schade, sie abzulehnen, nur weil sie nicht Teil der traditionellen westlichen Küche sind.

Grundvorrat

Getreide, Korn und Nudeln

Naturreis, Hirse (und Hirseflocken), Quinoa, Polenta und Haferflocken sind die Getreidesorten bzw. Produkte, die ich beim täglichen Kochen am häufigsten verwende. Allerdings werden Sie irgendwo in den hinteren Fächern höchstwahrscheinlich auch Amaranth, Dinkel, Gerste, Wildreis und Buchweizen finden, die ich gelegentlich verwende, z. B. für Suppen und Eintöpfe, Vorspeisen und Salate, wie Sie in diesem Buch sehen werden. Verschieden Sorten Vollkornnudeln und glutenfreie Nudeln zum Zubereiten schneller Gerichte unter der Woche gehören ebenfalls in die Vorratskammer.

Getrocknete Hülsenfrüchte

Ich habe immer gern sowohl weiche als auch harte Hülsenfrüchte in meinem Vorrat: Weichere Sorten wie rote, grüne, braune oder Belugalinsen und Adzukibohnen können alle schneller und ohne vorheriges Einweichen zubereitet werden, während Kidney-, Borlotti- und weiße Bohnen sowie Kichererbsen eine längere Kochzeit benötigen und vorher eingeweicht werden müssen. Hülsenfrüchte sind ein sehr wichtiger Bestandteil meiner Ernährung. Sie stecken voller Nährstoffe und enthalten viel Eiweiß. Ich verwende nie Hülsenfrüchte aus der Dose, aber es schadet nicht, ein paar Konserven mit Hülsenfrüchten in der Speisekammer zu haben – für Notfälle.

Essig und Öl

Das Öl, das ich am häufigsten verwende, ist definitiv Olivenöl. Ich habe immer zwei verschiedene Olivenöle zur Hand: ein neutrales Öl zum Kochen und natives Olivenöl extra für Salate und zum Beträufeln gekochter Speisen. Ich bin sehr froh darüber, dass meine Großmutter mich immer noch mit ihrem eigenen hochwertigen istrischen Olivenöl versorgt. Wenn Sie Öl kaufen, investieren Sie in hochwertiges Olivenöl, das selbst die einfachsten Gerichte verwandelt. Sonnenblumen- und Kokosöl eignen sich besonders gut zum Backen und Frittieren, Leinsamen- und geröstetes Sesamöl zum Würzen. Was Essig angeht, so ist es sinnvoll, Apfel- und braunen Reisessig vorrätig zu haben, um Salate anzumachen. Ich sollte noch Umeboshi-Essig erwähnen, den ich allerdings eher als Würzsauce verwende und nicht wie einen normalen Essig. Er schmeckt salzig, sauer und fruchtig zugleich und intensiviert den Geschmack von Cremesuppen, Eintöpfen und Gemüsegerichten.

Salz

Unraffiniertes Meersalz verwende ich am häufigsten, aber unraffiniertes Steinsalz ist ebenfalls eine großartige Quelle für Spurenelemente und kann täglich verwendet werden. Es ist sinnvoll, sowohl grobes als auch feines unraffiniertes Salz vorrätig zu haben, das grobe zum Würzen während des Kochens, das feine zum abschließenden Würzen fertiger Gerichte. Vermeiden Sie Tafelsalz und Salz mit zugesetztem Jod.

Nüsse und Samen

Es gibt unglaublich viele verschiedene Nüsse und Kerne/Samen und ich liebe sie alle! Mandeln, Haselnüsse und Walnüsse sind in meiner Gegend heimisch, weshalb ich sie häufiger verwende, während ich mir die exotischeren Sorten (wie Cashewkerne und Macadamianüsse) für besondere Rezepte, vor allem Backrezepte, aufspare. Sonnenblumen- und Kürbiskerne sowie ungeschälte Sesamkörner empfehle ich für den fast täglichen Gebrauch, weil sie reich an lebenswichtigen Mineralstoffen sind. Leinsamen und Chia-Samen sind förderlich für die Verdauung und enthalten besonders viel Omega-3- und -6-Fettsäuren. Ich weiche sie oft ein oder mahle sie und verwende sie im Frühstücksbrei, in Suppen, Salaten oder Desserts.

Kräuter und Gewürze

Sie werden feststellen, dass ich beim Kochen viele mediterrane Kräuter und Gewürze verwende, was kein Wunder ist, weil ich an der Adriaküste aufgewachsen bin. Auf meiner Favoritenliste stehen getrockneter Oregano, Thymian und Basilikum, getrocknete Lorbeerblätter, Kurkumapulver, gemahlener Ingwer, Fenchelsamen, Chilipulver, edelsüßes Paprikapulver, Pfefferkörner und Currypulver. Manchmal verwende ich aber auch Kreuzkümmel, Cayennepfeffer, Nelken und Kardamomkapseln, um den Geschmack eines bestimmten Gerichtes zu intensivieren. Wählen Sie Ihre Lieblingskräuter und -gewürze und experimentieren Sie, indem Sie meine Vorschläge durch Ihre eigenen Kräuter- und Gewürzmischungen ersetzen.

Getrocknete Lebensmittel

Abgesehen von Getreide und Hülsenfrüchten, die ebenfalls getrocknet sind, gibt es noch eine Reihe anderer getrockneter Lebensmittel, die ich regelmäßig verwende. Getrocknete Lebensmittel sind konzentriert und enthalten daher mehr Geschmack und Nährstoffe. Manche getrockneten Lebensmittel besitzen sogar Heilkräfte (wie z. B. Shiitake-Pilze, die u. a. das Immunsystem stärken und den Blutdruck senken). Trockenfrüchte wie Rosinen, Aprikosen, Datteln, Pflaumen etc. im Haus zu haben, ist immer gut, um zwischendurch davon zu naschen oder sie in Desserts zu verwenden. Sonnengetrocknete Tomaten und Shiitake-Pilze sind zwei andere Delikatessen, die ich einfach unbedingt im Schrank haben muss.

Zu den etwas exotischeren Gemüsen gehören Meeresgemüse bzw. Seetang. Diese großartige Mineralstoffquelle direkt aus der Natur ist billiger als Multimineral-Präparate und schmeckt vor allem viel besser. Ich verwende Kombu, Arame, Wakame, Nori, Hijiki und Agar-Agar. Da alle getrockneten Meeresalgen quasi unbegrenzt haltbar sind, brauchen Sie keine Angst zu haben, dass sie verderben, wenn Sie sie im Vorrat haben.

Wichtige vegane Back- und Dessertzutaten

Es empfiehlt sich, folgende Mehlsorten im Haus zu haben: Weizenmehl Type 405, Vollkornweizenmehl, Hirsemehl, feines Maismehl und Roggenmehl. Damit Ihr veganes Gebäck schön aufgeht, benötigen Sie aluminiumfreies Backpulver und ein wenig Natron. Zum Süßen empfehle ich braunen Reissirup und reinen Ahornsirup. Roh-Rohrzucker und Agavensirup sollten nur gelegentlich verwendet werden. Es ist auch immer gut, Kokosraspel, Kakaopulver, vegane Zartbitterschokolade, Zimt und Bourbon-Vanillepulver vorrätig zu haben, damit Sie schnell eine gesunde vegane Süßspeise zubereiten können.

Verdickungsmittel

Speisestärke/Maisstärke, Kuzu und Pfeilwurzelmehl können zum Eindicken von Suppen, Eintöpfen, Gulaschgerichten und Desserts gleichermaßen verwendet werden: einfach mit ein wenig kaltem Wasser verrühren und gegen Ende der Kochzeit hinzufügen. Speisestärke wird am häufigsten verwendet, während Kuzu-Pulver am gesündesten ist (und entsprechend kostet). Grundsätzlich versuche ich, Verdickungsmittel möglichst zu vermeiden, aber manchmal bewirkt ein kleiner Löffel davon einen großen Unterschied in der Konsistenz.

Nahrungsergänzungsmittel

Vollkornprodukte und eine vielseitige vegane Ernährung versorgen Sie mit vielen Nährstoffen, und wenn Sie eine gesunde Lebensweise ohne zu viel Stress haben, dann brauchen Sie vermutlich nicht täglich Nahrungsergänzungsmittel zu sich zu nehmen – abgesehen von Vitamin B 12, das Sie einmal im Jahr drei Monate lang am Stück einnehmen sollten. Wenn Sie von Zeit zu Zeit Käse, Fisch oder Eier essen, müssen Sie sich darüber nicht so viele Gedanken machen, aber es ist trotzdem klug, alle paar Jahre den Vitamin-B 12-Spiegel überprüfen zu lassen. Ein anderes Problem, vor dem viele Veganer (aber auch viele Nicht-Veganer) stehen, ist Eisenmangel. Wenn aus einem detaillierten Bluttest hervorgeht, dass Sie unter Eisenmangel leiden, dann empfehle ich Ihnen, ein flüssiges, biologisches Eisenpräparat ohne Alkohol, Zusatz- und Konservierungsstoffe einzunehmen. Falls bei Ihnen eine Anämie diagnostiziert wurde, lassen Sie überprüfen, ob nicht eine Schilddrüsenunterfunktion dahinter steckt, bevor Sie Eisenpräparate einnehmen.

Leicht verderbliche Vorräte

Manche Lebensmittel sollten vor allem in den wärmeren Monaten des Jahres besser im Kühlschrank bzw. an einem kühlen Ort aufbewahrt werden, damit sie nicht verderben.

Gemüse

Füllen Sie Ihren Kühlschrank und Ihren Vorratsschrank mit möglichst vielen verschiedenen Arten von biologisch angebautem Gemüse der Saison! Die tief in der Erde wachsenden Wurzelgemüse stecken voller Nährstoffe und versorgen uns mit Stärke und Stabilität. Außerdem bereichern Sie unseren Speisezettel mit süßen, kräftigen und vollmundigen Aromen. Karotten, Knollensellerie, Pastinake und Rote Bete werden am häufigsten verwendet, aber Rüben und Rettiche sind gleichermaßen gut. Süßkartoffeln und Kartoffeln sind bei vielen Menschen sehr beliebt, und man kann sich kaum vorstellen, ohne Zwiebeln und Knoblauch zu kochen. Die sollten sie also immer in der Nähe Ihres Schneidebretts haben! Runde Gemüsesorten wie Kürbisse und Kohlköpfe besitzen viel Vitalkraft und halten lange Zeit, während zartes Blattgemüse wie Mangold, Spinat, Grünkohl, Kopfsalat, Rucola, Brokkoli, Mizuna, Wildgemüse oder -kräuter etc. uns mit vielen wichtigen Mineralstoffen und Vitaminen versorgen und entweder roh oder gekocht in fast jeder Mahlzeit verzehrt werden sollten. Diese Liste ist natürlich nicht vollständig ohne den allmächtigen frischen Ingwer, Ihren besten Verbündeten im Kampf gegen Erkältung, Grippe und Magenschmerzen!

Obst

Frisches, saisonales und biologisch angebautes Obst ist die beste Zwischenmahlzeit und das köstlichste Dessert! Versuchen Sie, häufiger regionale Früchte einzukaufen als exotische, die eine wochen- oder monatelange Reise bis zu Ihnen hinter sich haben. Trotzdem ist gegen eine Banane hier und da sowie ein paar exotische Früchte im Sommer nichts einzuwenden, denn sie bringen Abwechslung und Frische in Ihre Ernährung.

Pflanzliche Milch

Kuhmilch-Alternativen sind vielseitige Zutaten und können in vielen Rezepten verwendet werden. Ich habe am liebsten selbst gemachte Nussmilch (S. 16), aber manchmal eignet sich ungesüßte gekaufte Sojamilch hervorragend für Kuchen, Kekse und andere gebackene Leckereien.

Tofu und Tempeh

Tofu und Tempeh sind beides Sojaprodukte, die Ihnen wohlbekannt sein dürften, falls Sie schon längere Zeit vegan leben. Tofu kann in manchen Gerichten als Ersatz für Milchprodukte oder Eier verwendet werden, z. B. bei der vielseitigen veganen Pizza (S. 66) oder dem Tofu-Rührei (S. 35). Tempeh ist ein hochwertiges fermentiertes Eiweißprodukt aus Sojabohnen, das vielen Gerichten ein großartiges Aroma und einen intensiven Geschmack verleiht, vor allem im Winter. Es ist nicht notwendig, Tofu und Tempeh in großen Mengen zu verzehren, eine gelegentliche Portion hier und da reicht aus.

Würzmittel

Um meine Gerichte zu würzen, verwende ich oft natürlich fermentierte Sojasauce (Shoyu oder Tamari) und unpasteurisierte Misopaste (sowohl die helle als auch die dunkle Variante) – beides sehr gesunde Würzmittel voller Enzyme und reich an Nährstoffen. Um manche Gerichte in diesem Buch noch schmackhafter zu machen, verwende ich biologische Gemüsebrühe ohne Zusatzstoffe in Pulver- oder Würfelform. Wenn Sie darauf aber lieber verzichten, schmeckt das Gericht trotzdem lecker.

Für Dijon-Senf ist in meinem Kühlschrank immer ein Platz reserviert. Sie werden ihn in vielen meiner Marinaden entdecken, und ich verwende ihn oft in Saucen zu Gemüse sowie in Salaten. Passierte Tomaten und Tomatenmark intensivieren den Geschmack mancher Gerichte und haben einen festen Platz in meinem Vorratsschrank.

Hirsebrei

Hirsebrei ist unglaublich schmackhaft und eine großartige Beilage zu vielen veganen Gerichten. Man kann ihn ausschließlich mit Hirse zubereiten, aber ich ergänze ihn oft um Gemüse, um den Geschmack zu intensivieren und unseren Gemüsekonsum zu steigern.

150–225 g Kürbis, Lauch, Blumenkohl oder Knollensellerie, falls gewünscht

700 ml Wasser

200 g Hirse

½ TL Meersalz

2 EL Olivenöl

Zerstoßener schwarzer Pfeffer

2–4 Portionen

Kürbis oder Sellerie schälen und fein würfeln, Lauch oder Blumenkohl gründlich waschen und in kleine Stücke schneiden.

Das Wasser in einem großen Topf zum Kochen bringen. Die Hirse waschen und abtropfen lassen, anschließend ins Wasser geben. Warten, bis das Wasser wieder kocht und erst dann Salz und Gemüse hinzufügen. Die Hitze reduzieren und zugedeckt ohne Rühren ca. 15 Minuten leise köcheln lassen. Den Topf vom Herd nehmen und 5 Minuten stehen lassen. Öl und Pfeffer unterrühren.

Die noch heiße Mischung mit dem Stabmixer zu einem dicken Brei pürieren und sofort servieren. Falls Sie das Püree noch nicht gleich zu Tisch bringen können, fügen Sie unmittelbar vor dem Servieren ein wenig heißes Wasser oder heiße pflanzliche Milch hinzu und schlagen Sie es noch einmal auf.

Selbst gemachter Seitan

Seitan ist eine großartige und preiswerte Proteinquelle. Ungewürzter Seitan schmeckt fade, lässt sich aber ganz toll marinieren und ist damit eine besonders vielseitige Zutat.

Seitan

1 kg Weizenmehl

600 ml warmes Wasser

Brühe

1,2 l Wasser

1 EL gekörnte Brühe

1 TL edelsüßes Paprikapulver

1 TL Chiliflocken

1 Lorbeerblatt

1 Stück Ingwer (5 cm), geschält

½ TL Meersalz

Mehl und Wasser zu einem festen Teig vermischen und 1 Minute lang kneten. In einer großen Schüssel mit so viel warmem Wasser übergießen, dass der Teig davon bedeckt ist. 30 Minuten lang einweichen lassen, dann das Wasser abgießen. Den Teig im Spülbecken unter fließendem Wasser (abwechselnd heiß und kalt) abspülen und so lange kneten, bis das austretende Wasser eher klar als milchig ist. Während dieses Vorgangs wird der Teig anfangen zu zerfallen, sodass Sie das Knetwasser am besten durch ein Sieb abgießen. Nach ca. 10 Minuten sollten Sie eine ca. 400–450 g schwere Kugel aus reinem Gluten haben.

Alle Zutaten für die Brühe in einem großen Topf aufkochen. Den Seitan in die Brühe geben und zugedeckt ca. 40 Minuten lang sieden, dann in der Brühe abkühlen lassen. Der Seitan kann sofort weiterverarbeitet oder bis zum Gebrauch (mit Brühe bedeckt) im Kühlschrank aufbewahrt werden (bis zu 12 Tage lang). Vor dem Schneiden und Marinieren (S. 23) trocken tüpfen.

Naturreis kochen

Der Reis, den ich am häufigsten verwende, ist Rundkorn-Naturreis, aber die Kochmethode für Langkorn- oder Basmati-Naturreis ist die gleiche. Am besten ist es, den Reis über Nacht einzuweichen und das Einweichwasser zum Kochen zu verwenden.

190 g Rundkorn-Naturreis
480 ml Wasser
Etwas Meersalz

Um den Reis dampfzugaren, Reis und Wasser in den Dampfkochtopf geben und zum Kochen bringen. Wenn das Wasser anfängt zu kochen, das Salz hinzufügen und den Deckel schließen, damit sich der Dampf aufbauen kann. Wenn der Dampfkochtopf den richtigen Druck erreicht hat, den Reis auf niedrigster Stufe 45 Minuten lang kochen lassen. Nachdem der Druck nachgelassen hat, den Deckel abnehmen, den Reis auflockern und in eine große Servierschüssel füllen.

Wenn Sie einen normalen Topf verwenden, dann geben Sie Reis und Wasser hinein und lassen es aufkochen. Anschließend fügen Sie das Salz hinzu und lassen den Reis zugedeckt garen. Der Reis muss während des Kochens nicht umgerührt werden, aber Sie sollten darauf achten, dass er nicht anbrennt, weil aus einem normalen Kochtopf im Vergleich zu einem Dampfkochtopf mehr Feuchtigkeit entweicht. Fügen Sie also bei Bedarf ein paar Esslöffel zusätzliches Wasser hinzu. Den Reis 40 Minuten lang kochen lassen, anschließend auflockern und in eine große Schüssel füllen.

Selbst gemachte Nuss- und Samenmilch

Wenn man Nuss- oder Samenmilch selbst herstellt, konsumiert man damit ein Getränk, in dem – anders als bei gekauften pasteurisierten Milchalternativen – alle Enzyme noch intakt sind.

150 g Nüsse oder Samen Ihrer Wahl
500 ml Wasser zum Einweichen
1 l Wasser zum Mixen
3 Datteln oder 2 EL Reis- oder Agavensirup (optional)
1 Msp Bourbon-Vanillepulver (optional)
Käsetuch oder Nussmilchbeutel

Die Nüsse oder Samen mindestens 1 Stunde lang in Wasser einweichen. Abspülen und abtropfen lassen, Einweichwasser weggießen.

Die Nüsse oder Samen mit dem Wasser im Mixer ein paar Minuten lang auf höchster Stufe mixen, bis eine homogene Flüssigkeit ohne Stückchen entstanden ist. Diese Flüssigkeit durch ein doppelt gelegtes Käsetuch oder einen Nussmilchbeutel in eine große Schüssel oder ein großes Glas gießen. Das Tuch bzw. den Beutel gut ausdrücken, damit so viel Milch wie möglich entsteht. Der Rückstand im Käsetuch bzw. Nussmilchbeutel ist Nuss- bzw. Samenmehl, das man unter Smoothies oder Kuchenteig mischen kann (es sollte jedoch innerhalb von 2–3 Tagen verbraucht werden). Man kann es aber auch bei sehr niedriger Temperatur im Backofen trocknen lassen und in Brot-, Kuchen- oder Plätzchenteigen verwenden.

Rohe Nuss- oder Samenmilch ist sehr mild im Geschmack. Wenn Sie den Geschmack intensivieren wollen, dann können Sie ein paar Datteln oder Sirup und Vanille untermixen.

Am besten bereitet man die Milch frisch zu und verwendet sie sofort, sie hält sich aber bis zu 2 Tage lang im Kühlschrank. Meine Favoriten sind: Mandel-, Haselnuss- und Walnussmilch, ich mag aber auch Sonnenblumen- und Kürbiskernmilch. Auch aus Hanfsamen lässt sich ein beliebter Drink herstellen.

Nusskäse

Nuss- oder Samenkäse ist eine gute Alternative zu Milchprodukten. Außerdem ist Rejuvelac, die Starterkultur, ein großartiges belebendes Getränk. Sie können also ruhig mehr davon machen und als enzymreiche Erfrischung genießen, wenn Sie müde sind.

Starterkultur für den Käse (Rejuvelac)
40 g gekeimte Dinkelkörner (eine winzige weiße Spitze reicht aus)
470 ml Wasser

Die Körner und das Wasser in ein großes Einmachglas geben, mit einem Papier- oder Käsetuch bedecken und 48 Stunden lang an einem warmen Ort stehen lassen, bis die Mischung anfängt zu sprudeln und ein bisschen sauer wird. Im Winter müssen Sie das Glas entweder in die Nähe einer Heizung stellen oder mindestens 1 Woche lang bei Zimmertemperatur fermentieren lassen. Abgießen, die Flüssigkeit auffangen und die Körner entsorgen. Statt Dinkelkörnern können Sie auch Roggenkörner, ungeschälte Hirse, Buchweizen oder sogar Naturreis verwenden.

Käse
270 g Nüsse oder Samen, über Nacht eingeweicht
110 ml Rejuvelac
1 Pr Meersalz
2 Knoblauchzehen, zerdrückt
2 EL Olivenöl
Käsetuch

Die Nüsse abgießen und in einen Hochgeschwindigkeitsmixer oder eine Küchenmaschine geben. Alle übrigen Zutaten hinzufügen und zu einer glatten Masse pürieren. Ein Sieb mit einem doppelt gelegten Käsetuch auskleiden und die Käsemasse hineingeben, 24–48 Stunden lang an einem warmen Ort fest werden lassen. Anschließend die Masse in die gewünschte Form bringen (ich stürze sie normalerweise einfach aus dem Sieb auf einen Teller). Entweder mit dem Käsetuch bedeckt lassen oder das Tuch abziehen und den Teller in Frischhaltefolie wickeln. 1 weiteren Tag im Kühlschrank fest werden lassen.

Das ist ein Weichkäse, und er hält sich im Kühlschrank ca. 10 Tage lang. Servieren Sie ihn zu Knäckebrot (S. 79), zu Brot (S. 27), auf Gemüse oder verwenden Sie ihn als Käseersatz auf Pizza (S. 66) – ob vor oder nach dem Backen. Verwenden Sie doch auch einmal Kräuter und Gewürze statt des Knoblauchs oder in Ergänzung dazu. Zerstoßener schwarzer Pfeffer, Oregano, Thymian, Paprika etc. passen auch ausgezeichnet.

Meine Lieblingskombination von Nüssen sind blanchierte Mandeln und Cashewkerne, aber Sonnenblumenkerne vermischt mit Cashewkernen schmecken auch gut, auch wenn die Farbe dann nicht ganz weiß ist. Dieser Käse kann auch mit Macadamianüssen zubereitet werden.

Soffritto

Eine ganz einfache Art, vielen Gerichten Geschmack zu verleihen, ist ein duftendes Soffritto (das italienische Wort „soffriggere" bedeutet „langsam braten"), für das man aromatische Gemüsesorten wie Zwiebeln, Knollensellerie, Staudensellerie und Karotten in einem schweren Topf dünstet.

5 EL Olivenöl

90 g Zwiebeln, fein gewürfelt

1 mittelgroße Karotte, fein gewürfelt

50 g Knollensellerie (oder Staudensellerie), geschält und fein gewürfelt

1 Pr Meersalz

3 Knoblauchzehen, zerdrückt

1 Msp getrockneter Oregano, Thymian oder Basilikum

Das Olivenöl in einem Topf mit dickem Boden bei mittlerer Hitze erwärmen und das Gemüse hinzufügen. Mit Salz bestreuen und zugedeckt 10–15 Minuten lang dünsten, bis das Gemüse weich ist. Achten Sie darauf, das Gemüse nicht zu bräunen. Knoblauch und Kräuter hinzufügen und weitere 1–2 Minuten lang dünsten. Das ist alles! Probieren Sie es auch einmal mit Gemüsepaprika, Lauch oder Fenchel, damit Ihr Soffritto jedes Mal ein bisschen anders schmeckt.

Sie werden bemerken, dass ich in manchen meiner Rezepte Soffritto verwende. Viele meiner Eintöpfe, Füllungen, Ragouts, Suppen und Saucen verdanken ihren vollen Geschmack dieser einfachen und doch essentiellen Basis aus aromatischem Gemüse. Verkürzen Sie also die Garzeit nicht.

Vegane Füllungen

Es macht Spaß, verschiedene Sorten Gemüse zu füllen, sie anschließend zu kochen oder zu überbacken und ein beeindruckendes und köstliches Ergebnis zu erhalten. Die Kombination aus Protein, Gemüse und Getreide macht aus dieser Füllung eine vollwertige Mahlzeit. Ich fülle damit Gemüse wie Paprika (S. 50), feste Tomaten, Zucchini und Auberginen, aber auch Kohlrouladen, Reispapierröllchen oder Frühlingsrollen.

250 g Tofu, Seitan oder Tempeh

50 g Zwiebeln, fein gewürfelt

4 EL Sonnenblumen- oder Olivenöl

1 Pr Chilipulver

½ TL gemahlener Ingwer

1 Msp Kurkumapulver

1 TL getrocknete Kräuter der Provence

3 TL Sojasauce

300 g gekochtes Getreide (Naturreis, Hirse, Quinoa etc.)

2 EL Hafer- oder Hirseflocken

Meersalz und zerstoßener schwarzer Pfeffer

Tofu oder Tempeh mit einer Gabel zerdrücken, Seitan in einer Küchenmaschine fein hacken. Die Zwiebeln in einer großen Pfanne bei milder Hitze im Öl glasig dünsten, Gewürze und getrocknete Kräuter hinzufügen und 1 Minute lang mitdünsten. Die Sojasauce hinzufügen und die Hitzezufuhr erhöhen. Wenn die Sojasauce gut untergemischt ist, die Getreidekörner und die Hafer- bzw. Hirseflocken hinzufügen und alles gründlich vermischen, erst dann mit Salz und Pfeffer abschmecken. Wenn die Füllung aussieht wie ein festes Risotto, kann sie verwendet werden. Die Füllung dehnt sich beim Garen etwas aus, deshalb geben Sie nicht zu viel davon in das Gemüse.

Die Füllung kann 1 oder 2 Tage im Voraus zubereitet werden, Reste davon lassen sich einfrieren (wenn sie mit Tempeh oder Seitan zubereitet wurde, nicht mit Tofu).

Tofu, Seitan und Tempeh marinieren und frittieren

Damit Eintöpfe, Ragouts, Saucen, Currys und andere Gerichte besonders lecker werden, ist es sehr wichtig, Tofu, Seitan und Tempeh vorher richtig zu marinieren und zu frittieren. Ich verwende so zubereiteten Tofu, Seitan und Tempeh als Basis für andere, aufwendigere Gerichte. Passen Sie Kräuter, Gewürze und Öle Ihrem persönlichen Geschmack an.

290 g Tofu, Seitan oder Tempeh, in 2 x 2 cm große Würfel geschnitten

Marinade

4 TL Tamari

1 TL Öl Ihrer Wahl (am besten aromatisches Öl wie Oliven- oder dunkles Sesamöl)

2 TL Wasser

2 TL Dijon-Senf (optional)

2 TL getrocknete Kräuter oder gemahlene Gewürze Ihrer Wahl

2 Knoblauchzehen, zerdrückt

1 Handvoll Weizen- oder Hirsemehl zum Bemehlen

240 ml Sonnenblumenöl zum Frittieren

Tofu-, Seitan- oder Tempehwürfel in einen tiefen Teller geben. Alle Zutaten für die Marinade verrühren, über die Würfel geben und alles gut vermischen, sodass alle Stücke mit Marinade überzogen sind. Wenn die Marinade etwas zu dickflüssig ist, können Sie 1–2 Teelöffel zusätzliches Wasser hinzufügen. Die Würfel mit Frischhaltefolie abdecken und mindestens 30 Minuten lang bei Zimmertemperatur ziehen lassen. Sie können die Tofu-, Seitan- oder Tempehwürfel auch einen Tag im Voraus marinieren und über Nacht in den Kühlschrank stellen.

Ein bisschen Mehl in eine Schüssel geben und jeden Würfel einzeln darin wenden. Achten Sie darauf, dass alle Seiten der Würfel mit Mehl bedeckt sind und dass die Marinade dabei nicht abgewischt wird. Überschüssiges Mehl vorsichtig abschütteln.

Ein Tablett oder einen großen Teller mit Papiertüchern auslegen, auf denen die Würfel nach dem Frittieren abtropfen können. Ich verwende immer einen kleinen Topf und frittiere die vorbereiteten Würfel portionsweise, aber Sie können auch alle Würfel auf einmal in einem großen Topf frittieren – achten Sie nur darauf, ihn nicht zu voll zu machen. Das Öl ist heiß genug, wenn es anfängt zu brodeln, sobald Sie ein Stück Tofu, Seitan oder Tempeh hineingeben. Die Würfel in 1–2 Minuten goldbraun frittieren, anschließend auf Küchenpapier abtropfen lassen, bevor Sie sie für andere Rezepte weiterverwenden. Sie können die Würfel aber auch einfach nur so naschen, statt Croûtons im Salat essen oder daraus zusammen mit rohen oder gebackenen Gemüsestücken schnelle Spieße zubereiten.

Zweierlei Pizzateig

Ich biete Ihnen hier zwei verschiedene Arten Pizzateig zur Auswahl. Je nachdem, welches Mehl und welches Backtriebmittel Sie bevorzugen und wie viel Zeit Sie zur Verfügung haben, können Sie sich für einen davon entscheiden. Beide sind lecker und bilden beim Backen eine dünne Kruste an den Rändern.

Grundrezept Hefeteig

Vorteig

40 g Roggenmehl

55 ml lauwarmes Wasser

2 TL aktive Trockenhefe (ohne Zusatzstoffe)

Teig

200 g Dinkelmehl und zusätzlich zum Kneten

30 g Vollkorn-Weizenmehl

½ TL Meersalz

110 ml lauwarmes Wasser

1 EL Olivenöl

1 EL Sojamilch

Ein Backblech (40 x 32 cm), gut geölt

Ergibt eine Pizza mit 29 cm Durchmesser

Grundrezept hefefreier Teig

240 g Weizen- oder Hirsemehl (für eine glutenfreie Pizza)

1 ½ TL aluminiumfreies Backpulver

½ TL Meersalz

2 EL Olivenöl

110 ml lauwarmes Wasser

Ein Backblech (40 x 32 cm), gut geölt

Ergibt eine Pizza mit 27 cm Durchmesser

Grundrezept Hefeteig

Alle Zutaten für den Vorteig in einer Schüssel vermischen und zugedeckt 30 Minuten lang ruhen lassen. Für den Teig beide Mehlsorten und das Salz in einer separaten Schüssel vermischen. Wasser, Öl und Sojamilch verrühren, den Vorteig hinzufügen und gut untermischen. Die Flüssigkeit zu den trockenen Zutaten gießen und alles mit einem Holzlöffel vermischen.

Den Teig auf eine leicht bemehlte Arbeitsfläche geben und ein paar Minuten lang kneten (dabei Mehl hinzufügen), bis er weich und leicht klebrig ist. Den Teig in eine große geölte Schüssel legen und auch die Oberfläche des Teiges mit etwas Öl einreiben. Ein feuchtes Geschirrtuch über die Schüssel legen und den Teig an einem warmen Ort 2 ½ Stunden lang gehen lassen. Den Teig kurz zusammendrücken und weitere 45 Minuten lang gehen lassen. Den Backofen auf 230 °C vorheizen. Ein Stück Backpapier auf die Arbeitsfläche legen und den Teig mit einem Nudelholz behutsam zu einer runden Platte mit 29 cm Durchmesser ausrollen. Auf das Backblech legen und nach Belieben belegen. Die Backofentemperatur auf 220 °C reduzieren und die Pizza auf dem Boden des Backofens 12–15 Minuten lang backen.

Grundrezept hefefreier Teig

Mehl, Backpulver und Salz in einer Schüssel vermischen. Das Öl mit einem Schneebesen unter das Mehl mischen. Das Wasser langsam hinzufügen und die Masse mit den Händen kneten, bis ein weicher, aber fester Teig entsteht. Den Teig auf die Arbeitsfläche legen (nur Mehl hinzufügen, wenn der Teig klebt) und ein paar Minuten lang kneten. Den Teig in Frischhaltefolie wickeln und bei Zimmertemperatur 30 Minuten lang ruhen lassen. Den Backofen auf 230 °C vorheizen. Den Teig wieder auswickeln und mittig auf ein Stück Backpapier legen. Mit einem Nudelholz behutsam zu einer runden Platte mit 27 cm Durchmesser ausrollen. Auf das Backblech legen und nach Belieben belegen. Die Backofentemperatur auf 220 °C reduzieren und die Pizza auf dem Boden des Backofens 12–15 Minuten lang backen.

Glutenfreies Brot

Dieses tolle Kastenbrot ist eine von vielen Variationen meines Lieblingsbrotes. Da es sowohl gluten- als auch hefefrei ist, müssen Sie es nicht kneten oder darauf warten, dass es aufgeht. Außerdem bleibt es ein paar Tage lang frisch. Falls Sie Nussmilch (S. 16) zubereiten und Nussmehl übrig haben, können Sie es hierfür verwenden. Es verleiht dem Brot eine schöne Konsistenz und einen tollen nussigen Geschmack. Sie können zur Abwechslung den Sprudel auch einmal durch Bier ersetzen.

110 g Hirseflocken

350 g Hirsemehl

3 TL aluminiumfreies Backpulver

1 ½ TL Meersalz

450 ml kohlensäurehaltiges Mineralwasser (oder Bier)

1 EL Olivenöl

1 TL Apfelessig

2 EL Kerne/Samen Ihrer Wahl (Kürbis-, Sonnenblumenkerne, Sesamsamen etc.)

Eine Kastenform für 500-g-Laibe (23 x 12 cm), mit Backpapier ausgekleidet

Ergibt ca. 14 Scheiben

Croûtons

3 Scheiben glutenfreies Brot (s. o.)

3 EL Olivenöl

2 EL Wasser

1 Msp Meersalz oder Tamari

1 TL getrocknete Kräuter Ihrer Wahl

Eine 23 x 30 cm große Backform, gut geölt

3 Portionen

Den Backofen auf 220 °C vorheizen.

Hirseflocken, Hirsemehl, Backpulver und Salz in einer Schüssel gut verrühren. In einer separaten Schüssel Mineralwasser (oder Bier), Olivenöl und Apfelessig verquirlen. Diese Mischung zu den trockenen Zutaten gießen und kräftig verrühren, bis ein mittelfester Teig entsteht.

Kerne/Samen Ihrer Wahl in die ausgekleidete Backform streuen, den Teig in die Backform füllen und mit den restlichen Kernen/Samen bestreuen. Die Backform in den vorgeheizten Backofen schieben, die Hitze auf 200 °C reduzieren und das Brot 1 Stunde lang backen.

Das Brot aus dem Ofen nehmen und aus der Form stürzen, das Papier abziehen und das Brot auf einem Kuchengitter auskühlen lassen. Dadurch wird verhindert, dass das Brot Feuchtigkeit zieht, und die Kruste bleibt schön knusprig. In ein Geschirrtuch gewickelt hält sich das Brot an einem kühlen und trockenen Ort bis zu 5 Tage lang.

Für Croûtons den Backofen auf 180 °C vorheizen. Das Brot in kleine Würfel schneiden. Die übrigen Zutaten in einer Schüssel vermischen und über die Brotwürfel gießen. Achten Sie darauf, dass alle Brotwürfel mit der Flüssigkeit überzogen sind. Die Brotwürfel in einer Backform verteilen und in ca. 30 Minuten goldbraun und knusprig backen. Alle 5 Minuten nach den Croûtons sehen und sie wenden, damit sie gleichmäßig bräunen. Keine Sorge, wenn die Brotwürfel beim Herausnehmen noch ein bisschen weich sind: Sie werden beim Abkühlen trocknen.

Anmerkung: Wenn man der Mischung noch mehr Öl hinzufügt, bekommen die Croûtons einen intensiveren Geschmack und werden knuspriger.

Frühstück und Brunch

Basischer grüner Saft

Leisten Sie einen wesentlichen Beitrag zum Erreichen Ihrer Gesundheitsziele und kaufen Sie sich einen Entsafter! Wenn man den Tag mit einem Glas frisch gepressten Frucht- und Gemüse-Elixiers beginnt, fühlt man sich energiegeladen, gesättigt und leicht.

5–6 mittelgroße Granny-Smith- oder andere Äpfel

380 g bzw. 1 kleiner Kopf Weißkohl

2 mittelgroße Granatäpfel

4 Handvoll grünes Blattgemüse (Grünkohl, Mangold, Spinat, Karottengrün, Petersilie, Brennnesseln etc.)

½ Zitrone

15 g frischer Ingwer

Etwa 360 ml Wasser

1 TL Leinsamen-, Hanf- oder anderes Öl

Ergibt 1,4 l

Alles Obst und Gemüse waschen. Die Äpfel (Schale und Kerne nicht entfernen) und den Weißkohl in Scheiben schneiden. Die Granatäpfel aufschneiden und zerteilen, die Kerne aus den Häutchen lösen. Die Zitronen und den Ingwer schälen und alle Zutaten (außer dem Wasser) entsaften. Von Zeit zu Zeit ein bisschen Wasser hinzufügen (das ergibt ein isotonisches und rehydrierendes Getränk). Das Öl zum Saft geben (damit die fettlöslichen Vitamine vom Körper aufgenommen werden können), umrühren und sofort servieren. Falls Sie Saft übrig haben, bewahren Sie ihn im Kühlschrank auf und trinken Sie ihn innerhalb von 12 Stunden.

Rohkakao-Milchshake

Mit seiner Kombination aus Kakao und Gemüse versorgt Sie dieser Milchshake nicht nur mit Energie, sondern auch mit einer beachtlichen Menge an Chlorophyll, das antioxidative und entzündungshemmende Eigenschaften besitzt und außerdem eine gute Magnesiumquelle ist.

500 ml Nussmilch (S. 16)

1 EL Rohkakaopulver

6 weiche Datteln oder 1 sehr reife Banane, geschält

1 Msp Bourbon-Vanillepulver

2 große Handvoll grünes Blattgemüse (Grünkohl, Spinat, Mangold etc.)

1–2 Portionen

Alle Zutaten so lange im Mixer mixen, bis die Mischung homogen und schaumig ist. Das Getränk probieren und den Geschmack nach Belieben anpassen: Wenn der Shake süßer werden soll, noch ein paar Datteln hinzufügen; mehr Kakaopulver sorgt für einen extra Geschmacks- und Energiekick. Wenn man je nach Saison frische Erdbeeren, Heidelbeeren, Äpfel oder andere süße Früchte hinzufügt, dann schmeckt der Shake jeden Tag ein bisschen anders – aber immer großartig!

Karottensaft mit Roter Bete und Granatapfel

Ich bin stets darum bemüht, noch mehr eisenhaltige Lebensmittel in meine Ernährung einzuführen. Rote Bete enthält viel Eisen, hat aber einen starken, erdigen Geschmack, den ich am liebsten mit anderem Obst und Gemüse kombiniere. Karotten sind immer eine gute Basis für Säfte, und der Granatapfel dient hier als Vitamin-C-Quelle, welche die Aufnahme des Eisens im Körper erleichtert.

6 mittelgroße Karotten
2 mittelgroße Rote Beten
2 mittelgroße Granatäpfel
230 ml Wasser
1 TL Leinsamenöl

1-2 Portionen

Die Karotten und Roten Beten waschen und mit Schale in Scheiben schneiden. Die Granatäpfel aufschneiden und zerteilen, die Kerne aus den Häutchen lösen. Mit dem Entsaften beginnen und dabei nach und nach das Wasser hinzugießen. Das Öl unter den Saft rühren und sofort servieren.

Falls Sie Saft übrig haben, bewahren Sie ihn im Kühlschrank auf und trinken Sie ihn innerhalb von 12 Stunden. Falls Granatäpfel gerade keine Saison haben, können Sie stattdessen Orangen oder Zitronen verwenden. Rotkohl kann gut als Ersatz für Rote Bete dienen und verleiht dem Saft ein fluoreszierendes violettes Leuchten.

Kokosnuss-Erdbeer-Frappé

Kokoswasser ist eine großartige Quelle für Elektrolyte. Ich belohne mich manchmal mit einer Packung natürlichem Bio-Kokoswasser, das ich dann für Frappés, Smoothies oder Milchshakes verwende. In diesem Frappé wird es kombiniert mit frisch zubereiteter Nussmilch, reifen Erdbeeren und ein paar Datteln, und nach dem Genuss werden Sie sich glücklich und hydriert fühlen!

250 ml natürliches
  Kokoswasser
460 ml Nussmilch (S. 16)
400 g frische Erdbeeren
1 EL Nussbutter
8 weiche Datteln
Ein paar Tropfen Zitronensaft

2 Portionen

Alle Zutaten so lange im Mixer mixen, bis die Mischung homogen und schaumig ist. Sofort trinken!

Sie können nach Belieben auch andere frische Früchte verwenden und Kakaopulver, Gewürze oder andere Trockenfrüchte hinzufügen, wenn das Getränk süßer werden soll. Himbeeren, Brombeeren, Äpfel oder reife Aprikosen ergeben mit der Nussmilch und dem Kokoswasser auch eine tolle Kombination.

Tofu-Rührei

Ich kenne niemanden, der diese leckere Art, Tofu zu verwenden, nicht mag. Vor allem ehemalige Eier-Liebhaber mögen das Gericht besonders gerne, weil es in Aussehen und Geschmack normalem Rührei sehr ähnlich ist. Ehrlich gesagt schmeckt es viel besser als Rührei. Da Sie viele verschiedene Arten von Gemüse, Kräutern und Gewürzen verwenden können, ist dieses Rezept hier nur ein Vorschlag für den Frühling, wenn es Spargel im Überfluss gibt. Ich bereite das Gericht immer in einem großen gusseisernen Wok zu, aber man kann auch eine normale Pfanne mit dickem Boden verwenden.

150 g frische Shiitake-Pilze

4 EL Olivenöl

120 g Zwiebeln, halbiert und in dünne Scheiben geschnitten

½ TL Meersalz

80 g geputzter grüner Spargel, diagonal in Stücke geschnitten (bei wildem Spargel nur die weichen Spitzen verwenden)

2 EL Tamari

½ TL Kurkumapulver

300 g frischer Tofu, mit der Gabel zerdrückt

4 EL Wasser bei Bedarf

1 TL dunkles Sesamöl

½ TL getrockneter oder 2 EL frischer Basilikum

Zerstoßener schwarzer Pfeffer

2–3 Portionen

Die Pilze zunächst der Länge nach halbieren, dann in feinere Spalten schneiden. Olivenöl, Zwiebeln und Salz in den Wok oder die Pfanne geben und bei mittlerer Hitze kurz anbraten, währenddessen kräftig rühren, damit nichts anhängt.

Pilze, Spargel, Tamari und Kurkuma hinzufügen und mit zwei Holzlöffeln weiter rühren. Wenn die Pilze ein bisschen Tamari aufgenommen haben, die Hitze erhöhen, den Tofu hinzufügen und unter Rühren weitere 1–2 Minuten braten. Der Tofu sollte jetzt eine einheitliche gelbe Farbe haben. Jetzt können Sie etwas Wasser hinzufügen, um das Ganze saftiger zu machen, und ein paar Minuten weitergaren. Ob Sie Wasser benötigen oder nicht, hängt vom Tofu ab – weichere Sorten sind recht feucht und brauchen auch gegen Ende des Garprozesses kein Wasser.

Sesamöl und Basilikum untermischen, mit Pfeffer würzen und warm mit einem leckeren Salat und ein paar Scheiben getoastetem, selbst gebackenem Brot servieren.

Einfacher und sättigender Chia-Samen-Brei

Die glänzenden Chia-Samen wurden erst kürzlich wiederentdeckt und werden als „Jahrhunderte altes amerikanisches Superfood" bezeichnet. Mit ihrem hohen Gehalt an Kalzium sowie Omega-3- und Omega-6-Fettsäuren besitzen sie in puncto Nährwert große Ähnlichkeit mit Leinsamen und Sesamkörnern. Dieser schnelle Frühstücksbrei macht stundenlang satt!

40 g Chia-Samen

2 EL Rosinen oder andere Trockenfrüchte

230 ml Nussmilch (S. 16)

1 Pr Meersalz

1 Msp Bourbon-Vanille- oder Zimtpulver

2 EL rohe oder ohne Fett geröstete gemischte Nüsse

Frisches, klein geschnittenes Obst (optional)

1 Portion

Chia-Samen und Trockenfrüchte in einer Schüssel vermischen. Die Nussmilch in einem kleinen Topf leicht erwärmen, Salz und Vanille oder Zimt hinzufügen und über die Samen gießen. 10 Minuten lang einweichen lassen.

Wenn Sie nur rohe Nüsse haben, dann heizen Sie den Backofen auf 180 °C vor, verteilen die Nüsse auf einem Backblech und rösten sie unter gelegentlichem Wenden 10–15 Minuten lang. Wenn die Nüsse anfangen, Risse zu bekommen und Öl austritt, sind sie fertig. Passen Sie auf, dass die Nüsse nicht verbrennen, was ganz leicht passieren kann. Am besten kontrolliert man sie nach 8–10 Minuten. Auf einen Teller schütten und etwas abkühlen lassen. Grob hacken und zusammen mit ein bisschen klein geschnittenem Obst über den Brei streuen.

Ohne Fett geröstete Nüsse machen sich großartig als gesunde Knabberei oder als Zutat in Kuchen, Keksen, Salaten – eigentlich passen sie zu allem!

Gesunde Energieriegel

Von diesen Riegeln habe ich immer einen Stapel im Kühlschrank, schön einzeln verpackt und fertig zum Mitnehmen. Sie sind unglaublich toll zum Frühstück, als Muntermacher zwischendurch oder als gesunder Nachtisch. Wenn die Riegel glutenfrei sein sollen, kann man sie auch mit Hirseflocken zubereiten, und die Aprikosen lassen sich durch alle möglichen anderen Trockenfrüchte ersetzen. Probieren Sie doch auch einmal Orangensaft und -schale statt Zitrone für die beliebte Geschmackskombination Kakao und Orange.

2 sehr reife Bananen

3 EL natives Kokosöl extra

Abgeriebene Schale von
 1 Zitrone und 1 EL
 Zitronensaft

15 ungeschwefelte
 getrocknete Aprikosen,
 gewürfelt

1 TL Rum (optional)

200 g feine Haferflocken

1 Msp gemahlener Zimt

1 Msp Bourbon-Vanillepulver

3 EL Rohkakaopulver

1 Pr Meersalz

Eine flache Auflaufform oder Backform (18 x 18 cm)

Ergibt 8 Riegel

Die Bananen schälen und in einem tiefen Teller mit einer Gabel gründlich zerdrücken. Falls das Kokosöl fest geworden ist, stellen Sie das Glas in eine Schüssel mit kochend heißem Wasser, bis es wieder flüssig ist. Öl, Zitronenschale und -saft, Aprikosen und Rum (falls Sie ihn verwenden) zu den Bananen geben und gut verrühren. Haferflocken, Zimt, Vanille, Kakao und Salz in einer großen Schüssel vermischen. Den Bananenbrei zu den trockenen Zutaten geben. Verwenden Sie einen Teigschaber, um die Zutaten wirklich gut miteinander zu vermischen. Der Teig sollte fest und klebrig sein.

Die Form mit Frischhaltefolie auskleiden. Den Teig in die Form legen und mit einem Teigschaber oder den Händen zu einer gleichmäßigen, ca. 1,5 cm dicken Schicht flachdrücken. In Frischhaltefolie gut einpacken und für mindestens 2 Stunden (am besten aber über Nacht) in den Kühlschrank stellen. Aus der Frischhaltefolie nehmen und in 8 gleich große Riegel schneiden. Einzeln verpacken und im Laufe der Woche verzehren.

Tofu-Sandwiches

Ein hochwertiges veganes Sandwich kann zum Frühstück, Mittag- oder Abendessen verzehrt werden, und wenn die Zutaten gut ausgesucht wurden, erhält der Körper alle wichtigen Nährstoffe. Die drei Hauptkomponenten eines sättigenden Sandwiches sind: leckeres Brot, gewürztes Protein und sauer eingelegtes Gemüse – die Kombinationsmöglichkeiten sind endlos!

Glutenfreies Brot nach dem Rezept von S. 27 mit der halben Menge

Füllung

240 g Tofu, Seitan oder Tempeh

4 EL Brotaufstrich Ihrer Wahl (Sonnenblumen-Cashewkern-Mayonnaise, S. 103, Auberginen-Dattel-Chutney, S. 108, Roter Paprika-Dip, S. 108)

Essiggurken, in Scheiben geschnitten, oder Kimchi, nach Belieben

2 Handvoll Kopf- oder anderer Blattsalat

4 EL Sprossen

2 Portionen

Backen Sie ein glutenfreies Brot nach dem Rezept auf S. 27, aber verwenden Sie von allen Zutaten nur die halbe Menge. Nehmen Sie eine Backform in der im Rezept angegebenen Größe, weil Sie so einen flacheren Laib erhalten, aus dem Sie zwei große Sandwiches machen können. Das Brot vor dem Schneiden vollständig auskühlen lassen.

Tofu, Seitan oder Tempeh in vier 10 x 6 cm große und 6 mm dicke Scheiben schneiden. Wie im Rezept auf S. 23 beschrieben marinieren und braten. Die Scheiben müssen nicht frittiert werden; geben Sie so viel Öl in die Pfanne, dass der Boden bedeckt ist und braten Sie die Scheiben so lange, bis sie von beiden Seiten goldbraun sind.

Das abgekühlte Brot zuerst quer und dann längs einmal durchschneiden, sodass sich 2 Sandwiches ergeben. Die unteren Hälften mit Aufstrich bestreichen, dann mit je 2 Scheiben Tofu, Seitan oder Tempeh, sauer eingelegtem Gemüse und Salat belegen und mit Sprossen bestreuen. Zuletzt die oberen Brothälften auflegen.

Sofort genießen oder in Frischhaltefolie wickeln und essen, wenn der Hunger kommt!

Würziger Kartoffelstrudel

Jeder liebt Kartoffeln und jeder liebt knusprigen Filoteig. Dies hier ist also genau das richtige Rezept für wählerische Esser und Gäste, die veganem Essen gegenüber skeptisch sind – ein echter Publikumsliebling.

6 Filo-/Yufkateigblätter
  (35 x 30 cm)

150 ml Wasser

120 ml Sonnenblumenöl

4 große Kartoffeln, geschält

180 g Zwiebeln, gewürfelt

1 Pr Meersalz

¼–½ TL zerstoßener schwarzer
  Pfeffer

1 ½ TL Gemüsebrühpulver

*Eine 23 x 30 cm große
Backform, gut geölt*

Ergibt 12 Stücke

Die Filo-/Yufkateigblätter 30 Minuten im Voraus aus dem Kühlschrank nehmen. Dadurch wird verhindert, dass der Teig beim Backen reißt. Ein Teigblatt auf eine trockene Arbeitsfläche legen, und zwar mit einer Längsseite zu Ihnen (die restlichen Teigblätter mit Frischhaltefolie abdecken, damit sie nicht austrocknen). In einer kleinen Schüssel 3 Esslöffel Wasser und 4 Esslöffel Öl (von der Zutatenliste) vermischen. Mit einem Silikonspatel das Teigblatt dünn mit dem Öl-Wasser-Gemisch bestreichen. Ein zweites Teigblatt darauflegen (dieses muss nicht geölt werden).

2 Kartoffeln in Würfel schneiden, die anderen beiden raspeln. Die Kartoffeln in einer großen Schüssel mit den Zwiebeln, dem Salz und dem Pfeffer vermischen. Die Füllung in 3 gleich große Portionen teilen (à ca. 220 g).

Den Backofen auf 180 °C vorheizen. Das restliche Wasser aufkochen und das Suppenpulver hinzufügen.

Eine Portion Kartoffelfüllung auf den Filo-/Yufkateigblättern verteilen, und zwar in einem 6 cm breiten Streifen entlang des unteren Randes. An den Seiten einen 2 cm breiten Rand lassen, damit die Füllung nicht herausfällt. Vorsichtig zu einem schönen Strudel aufrollen und in die geölte Backform legen. Diesen Vorgang mit den restlichen Teigblättern und der übrigen Füllung wiederholen, sodass insgesamt 3 Strudel entstehen. Diese mit Öl bestreichen und mit einem scharfen Messer auf der Oberseite in 4 Stücke schneiden. Jeden Strudel mit 2 Esslöffeln heißer Brühe übergießen. Die Strudel in den Ofen schieben und 10 Minuten lang backen. Wieder mit etwas Brühe übergießen und diesen Vorgang so oft wiederholen, bis die Brühe aufgebraucht ist. Die Strudel brauchen weitere 25–30 Minuten, bis sie oben und an den Rändern braun und knusprig sind, in der Mitte aber weich und saftig. Warm oder kalt servieren, mit einem Salat oder milchfreiem Joghurt.

Salzige Zwiebelpfannkuchen

Wenn mir das selbst gebackene Brot ausgegangen ist, ich aber eine Beilage zu Suppe oder Eintopf brauche, dann sind diese Zwiebelpfannkuchen großartig! Sie stecken voller Zwiebelgeschmack, sind außen leicht knusprig, beim Hineinbeißen weich und können auch zu Dips, Saucen und Salaten serviert werden.

200 g Weizen-, Hirse- oder Vollkornmehl

110 ml kochendes Wasser

3 TL kaltes Wasser

2 EL Olivenöl und zusätzliches zum Bestreichen und Ausbacken

70 g Zwiebeln, in feine Scheiben geschnitten

1 ½ TL Meersalz

1 Msp getrockneter Oregano

3 Frühlingszwiebeln, gewaschen und klein geschnitten

1 EL dunkles Sesamöl

2 Portionen

Das Mehl in eine Schüssel geben und das kochende Wasser eingießen. Gut vermischen, dann das kalte Wasser hinzufügen und solange rühren, bis der Teig gleichmäßig durchfeuchtet ist. Auf eine leicht bemehlte Arbeitsfläche geben und in ca. 4 Minuten glatt kneten. Bei Bedarf die Arbeitsfläche und die Hände mit Mehl bestäuben, um ein Festkleben zu verhindern. Den Teig in Frischhaltefolie wickeln und bei Zimmertemperatur 30 Minuten lang ruhen lassen.

Das Olivenöl in einer Pfanne erhitzen und die Zwiebeln mit 1 Prise Salz und dem getrockneten Oregano so lange dünsten, bis sie weich sind und duften. Vom Herd nehmen und die Frühlingszwiebeln, das Sesamöl und das Salz untermischen.

Den Teig in 4 gleich große Portionen teilen. Jede Portion zu einem runden Pfannkuchen mit 15 cm Durchmesser ausrollen und mit ein wenig Sesamöl bestreichen.

Die Zwiebelmasse auf die 4 Pfannkuchen verteilen und gleichmäßig verstreichen. Die Pfannkuchen zunächst aufrollen und dann schneckenförmig einrollen, das Ende unter die Schnecke schieben. Mit einem Nudelholz die Schnecken zu ca. 5 mm dicken Pfannkuchen ausrollen. Eine Pfanne (am besten gusseisern) auf mittlerer Stufe erhitzen. Pro Pfannkuchen 1 Teelöffel Olivenöl in die Pfanne geben und die Pfannkuchen auf beiden Seiten hell goldgelb backen. Vor dem Servieren jeden Pfannkuchen in 4 Stücke schneiden. Zu Suppen, Eintöpfen, Brotaufstrichen und Salaten servieren.

Hauptgerichte

Tofu-Curry und Chapatis

Das ist mein absolutes Lieblings-Curry! Sie sollten den Tofu auf jeden Fall zuvor marinieren und frittieren, weil das hinsichtlich Geschmack und Konsistenz sehr viel ausmacht. Ich koche das Gericht oft für Gäste und alle sind gleich hin und weg.

290 g frischer Tofu, in 2 cm große Würfel geschnitten

5 EL Sonnenblumen-, Kokos- oder Olivenöl

180 g Zwiebeln, gewürfelt

2 EL frischer Ingwer, fein gerieben

4 Knoblauchzehen, zerdrückt

2 TL Currypulver (oder Currypaste)

1–2 Msp Chilipulver

1 TL Kurkumapulver

1 EL Tomatenmark

½ TL Meersalz

300 ml Wasser

1 TL Kuzu, Pfeilwurzelmehl oder Speisestärke

2 EL Koriandergrün, Petersilie oder Schnittlauch, frisch gehackt, zum Garnieren

Chapatis

150 g Vollkorn-Weizenmehl

150 g Weizenmehl Type 405

½ TL Meersalz

2 EL Sonnenblumenöl

140 ml lauwarmes Wasser

2–3 Portionen

Für die Zubereitung des Tofus siehe S. 23. Statt der 2 Teelöffel Kräuter oder Gewürze Ihrer Wahl fügen Sie 1 Teelöffel Currypulver, ½ Teelöffel gemahlenen Koriander und ½ Teelöffel gemahlenen Kreuzkümmel hinzu. Nach Rezept marinieren und frittieren.

Das Öl in einer großen Pfanne erhitzen und die Zwiebeln, den Ingwer und den Knoblauch bei mittlerer Hitze anbraten, bis sie duften. Alle Gewürze, das Tomatenmark und das Salz hinzufügen und unter Rühren leicht bräunen lassen. Die marinierten und frittierten Tofuwürfel unterrühren, dann das Wasser hinzufügen und den Deckel auflegen. Zum Kochen bringen, nochmals umrühren, die Hitze reduzieren und 5–10 Minuten lang kochen lassen. Ggf. noch etwas Wasser hinzufügen. Zum Schluss Kuzu, Pfeilwurzelmehl oder Speisestärke mit ein wenig kaltem Wasser verrühren, zum Curry geben und unter Rühren nochmals aufkochen lassen. Garnieren Sie das Curry mit den Kräutern und servieren Sie dazu Basmatireis und/oder Chapatis.

Für die Chapatis Mehle, Salz und Öl in einer Schüssel mit einem Schneebesen vermischen. Das Wasser nach und nach hinzufügen und so lange kneten, bis ein glatter, mittelfester, formbarer Teig entsteht (je nach Bedarf kann ein bisschen mehr Mehl oder Wasser hinzugefügt werden). Den Teig in Frischhaltefolie wickeln und 15 Minuten lang ruhen lassen.

Den Teig in 10 gleich große Portionen teilen und auf einer Arbeitsfläche zu glatten Kugeln formen. Die Teigkugeln mit Mehl bestäuben und mit einem Nudelholz zu runden Fladen mit 13 cm Durchmesser ausrollen. Bei Bedarf mit noch mehr Mehl bestäuben, damit der Teig nicht festklebt.

Eine Pfanne auf mittlerer Stufe heiß werden lassen. Einen Teigfladen in die Pfanne legen und umdrehen, sobald auf der Oberseite „Beulen" entstehen. So lange braten, bis wieder Beulen entstehen, ein letztes Mal umdrehen und noch kurz in der Pfanne lassen. Nicht braun werden lassen. Das Chapati mit Ofenhandschuhen an den Rändern behutsam nach unten drücken, dann sollte es in der Mitte aufgehen. Die restlichen Chapatis auf dieselbe Weise backen. Sofort servieren.

Gefüllte gelbe Spitzpaprika in Sauce

Dieses Gericht ist die ultimative Nervennahrung meiner Kindheit. In manchen Familien werden gefüllte Paprikaschoten gebacken, aber die Frauen in meiner Familie haben sie immer in Sauce gekocht, wodurch sie besonders saftig und aromatisch werden. Vegane gefüllte Paprika schmecken genauso gut wie ihre nicht-veganen Pendants, sind aber viel gesünder!

7 gelbe Spitzpaprika (siehe Anm.)

1 Portion vegane Füllung (S. 20)

230 ml passierte Tomaten

2 Lorbeerblätter

1 TL Meersalz

1–2 EL Kuzu, Pfeilwurzelmehl oder Speisestärke (optional)

2 EL frisch gehackte Petersilie zum Garnieren

Ein Topf mit 20 cm Durchmesser

3–4 Portionen

Die Paprikaschoten oben abschneiden, die Kerne entfernen. In jede Schote ca. 100 g Füllung geben. Die Paprikaschoten so in den Topf stellen, dass die Öffnung nach oben zeigt (wenn der Topf kleiner ist als angegeben, passen nicht alle Paprika hinein; ist er größer, kippen sie um und die Füllung fällt während des Kochens heraus). Die passierten Tomaten und so viel Wasser in den Topf füllen, dass die Paprikaschoten davon bedeckt sind. Lorbeerblätter und Salz hinzufügen. Die Sauce zugedeckt einmal aufkochen lassen. Dann die Hitze reduzieren und die Paprika in ca. 25 Minuten leise köchelnd weich werden lassen. Mithilfe eines Servierlöffels die Paprikaschoten aus dem Topf nehmen und auf Tellern anrichten. Die Sauce im Topf bei mittlerer Hitze weiter köcheln lassen und bei Bedarf langsam Kuzu, Pfeilwurzelmehl oder Speisestärke (zuvor in kaltem Wasser aufgelöst) hinzufügen. So lange kräftig rühren, bis die gewünschte Sämigkeit erreicht ist. Ich lasse die Sauce manchmal dünnflüssig, ohne sie einzudicken, aber das bleibt Ihnen überlassen. Geben Sie über jede Portion Paprika einen Schöpflöffel voll Sauce und garnieren Sie das Ganze mit gehackter Petersilie. Meine Lieblingsbeilagen hierzu sind Kartoffelbrei (S. 75) oder Hirsebrei (S. 14).

Anmerkung: Gelbe Spitzpaprika eignen sich am besten für dieses Gericht, weil ihre Haut dünner ist und sie kleiner sind als normale Gemüsepaprika. Falls Sie jedoch keine Spitzpaprika finden, können Sie auch Gemüsepaprika verwenden, die Farbe ist egal. Bedenken Sie jedoch, dass diese größer sind, also mehr Füllung aufnehmen können, und eine etwas längere Garzeit benötigen. Sie müssen auch eine entsprechende Topfgröße wählen, damit sie hineinpassen und nicht umfallen.

Seitan-Pilz-Gulasch

Ein Teller heißes Gulasch mit cremigen Gnocchi ist an einem frostigen Tag als Nahrung und Trost für Körper und Geist einfach unschlagbar. Gelegentlich bereite ich dieses Gericht nur mit Pilzen zu, wenn ich keinen Seitan im Haus habe, und manchmal verwende ich stattdessen Tempeh oder Tofu. Sie können dazu vegane Gnocchi (S. 75), Naturreis (S. 15), Hirsebrei (S. 14), Kartoffelbrei (S. 75) oder auch einfach Polenta servieren.

290 g Seitan, in 2 cm große Würfel geschnitten

10 g getrocknete Stein- oder andere Pilze

375 ml Wasser

5 EL Sonnenblumen- oder Sesamöl

160 g Zwiebeln, gewürfelt

½ TL Meersalz

½ TL gemahlener Rosmarin

2 Lorbeerblätter

1 TL edelsüßes Paprikapulver

1–2 Msp zerstoßener schwarzer Pfeffer oder Chilipulver

Tamari nach Belieben

80 ml Rotwein

1 ½ TL Kuzu, Pfeilwurzelmehl oder Speisestärke

2 EL gehackte frische Petersilie oder Frühlingszwiebel zum Garnieren

Gekochter Naturreis (S. 15) als Beilage

2–3 Portionen

Für die Zubereitung des Seitans siehe S. 23. Statt der 2 Teelöffel Kräuter oder Gewürze Ihrer Wahl fügen Sie 1 Teelöffel gemahlenen Rosmarin, ½ Teelöffel edelsüßes Paprikapulver und ½ Teelöffel schwarzen Pfeffer hinzu. Nach Rezept marinieren und frittieren.

Die getrockneten Pilze 30 Minuten lang im Wasser einweichen. Abgießen, Einweichwasser auffangen. Pilze klein schneiden.

Das Öl in einer großen Pfanne erhitzen und die Zwiebeln mit dem Salz bei mittlerer Hitze weich dünsten. Alle Kräuter und Gewürze sowie Tamari hinzufügen und unter Rühren leicht bräunen lassen. Die Pilze hinzufügen und weitere 1–2 Minuten lang rühren. Den Wein eingießen und 1 Minute lang köcheln lassen. Zuerst die frittierten Seitanwürfel, dann das Einweichwasser unterrühren. Aufkochen lassen, noch einmal durchrühren und anschließend zugedeckt bei mittlerer Hitze 5–10 Minuten lang köcheln lassen. Zum Schluss Kuzu, Pfeilwurzelmehl oder Speisestärke in etwas kaltem Wasser auflösen, zum Gulasch geben und dieses unter Rühren noch einmal aufkochen lassen.
Mit einer Beilage Ihrer Wahl und mit Petersilie oder Frühlingszwiebeln bestreut servieren.

Würzige Frikadellen und Süßkartoffelspalten

Eine gute vegane Frikadelle mit feiner Kruste und saftigem Inneren zu machen, ist ein kniffliges Unterfangen, aber dieses Rezept hier ist die Lösung! Die gebackenen Süßkartoffelspalten sind ideal dazu.

80 g Gemüsemark oder geriebenes Gemüse (S. 10)

50 g fein gewürfelte Zwiebeln

3 Knoblauchzehen, zerdrückt

1 TL Barbecue-Gewürzmischung

1 Msp edelsüßes Paprikapulver

1 Msp Kurkumapulver

1 Msp Chilipulver

4 EL fein gehackte Kräuter (Petersilie, Schnittlauch etc.)

575 g gekochter Naturreis (S. 15), zimmerwarm

¾ TL Meersalz

Mehl zum Bemehlen

Sonnenblumenöl zum Braten

Essiggurken, rote Zwiebelringe und Tofu-Mayonnaise (S. 103) zum Servieren

Süßkartoffelspalten

2 große Süßkartoffeln, geschält und in Spalten geschnitten

4 EL Sonnenblumenöl

1 Msp edelsüßes Paprikapulver

½ TL getrockneter Oregano

Meersalz und zerstoßener schwarzer Pfeffer

4–5 Portionen

Für die Frikadellen alle Zutaten (außer dem Mehl und dem Öl) in einer großen Schüssel mit den Händen gründlich durchkneten, bis der Reis anfängt, klebrig zu werden. Dadurch wird verhindert, dass die Frikadellen auseinanderfallen oder zu viel Öl aufsaugen. Probieren und bei Bedarf noch mehr Salz und Gewürze hinzufügen. Die Masse 30 Minuten lang ruhen lassen.

Mit feuchten Händen aus der Masse ca. 14 kleine runde Frikadellen formen. Jede Frikadelle in etwas Mehl wälzen und beiseite stellen.

In der Zwischenzeit eine schwere, hohe Pfanne ca. 3 cm hoch mit Öl füllen und erhitzen. Zum Überprüfen der Temperatur ein wenig von der Masse in die Pfanne geben: Wenn es sofort anfängt zu brodeln, ist das Öl heiß genug. Je nach Größe der Pfanne ein paar Frikadellen gleichzeitig frittieren; die Pfanne sollte nicht zu voll sein. Wenn die Frikadellen goldbraun sind, mit einem Schaumlöffel aus dem Öl nehmen und auf Papiertüchern abtropfen lassen. Sie sollten goldbraun aussehen, eine leichte Kruste und ein saftiges Inneres haben und beim Anfassen nur leicht fetten.

Den Backofen auf 200 °C vorheizen. Die Süßkartoffeln in einem Topf mit Wasser 5 Minuten lang kochen. Abgießen und gut abtrocknen. Die restlichen Zutaten gut verrühren und über die Süßkartoffelspalten gießen, bis sie gut damit bedeckt sind. Ein Backblech mit Alufolie auslegen, einen Bratenrost darüberlegen und die Süßkartoffelspalten auf dem Rost verteilen. Im vorgeheizten Backofen in ca. 20–25 Minuten braun und knusprig backen.

Die Frikadellen heiß mit den Süßkartoffelspalten, den Essiggurken, den Zwiebelringen und der Mayonnaise servieren. Guten Appetit!

Gebackene Bohnen auf mazedonische Art

cremig, sättigend, tröstlich, wärmend – das sind nur ein paar der Adjektive, die ich mit diesem Gericht in Verbindung bringe. Moment, da ist noch eins – perfekt! Es ist zwar typischerweise ein Gericht für die kälteren Monate des Jahres, ich bereite es aber auch im Sommer zu, weil ich auf diese Weise zubereitete Bohnen so sehr liebe.

340 g getrocknete weiße Bohnen

130 g kleine Karotten, in mundgerechte Stücke geschnitten

4 getrocknete Tomatenhälften

2 kleine Chilischoten

1 kleines Stück Kombu

2 Lorbeerblätter

3 kleine Zwiebeln

4 EL Olivenöl

1 Pr Meersalz

3 Knoblauchzehen

1 EL edelsüßes Paprikapulver

1 TL Gemüsebrühpulver

½ TL getrockneter Oregano

2 EL Sojasauce

1 EL Apfelessig

2 EL Mehl

Meersalz

Ein Dampfkochtopf (optional)
Eine Auflaufform, ca. 35 x 25 cm groß

3–4 Portionen

Die Bohnen über Nacht in reichlich kaltem Wasser einweichen. Das Einweichwasser wegschütten, die Bohnen in einen Topf geben und so viel Wasser einfüllen, dass die Bohnen 4 cm hoch damit bedeckt sind. Karotten, Tomaten, Chilischoten, Kombu und Lorbeerblätter hinzufügen. Im Dampfkochtopf 50–60 Minuten lang bei geringer Hitze kochen. Wenn Sie einen normalen Topf verwenden, bringen Sie die Bohnen zum Kochen, schöpfen Sie den eventuell entstehenden Schaum ab und lassen Sie die Bohnen bei mittlerer Hitze halb zugedeckt in 60–90 Minuten weich kochen. Gelegentlich kaltes Wasser hinzufügen, damit die Bohnen nicht austrocknen.

Während die Bohnen kochen, 2 Zwiebeln fein hacken, die dritte in Ringe schneiden und beiseite stellen. Das Olivenöl in einer schweren Pfanne erhitzen und die fein gehackten Zwiebeln mit 1 Prise Salz darin glasig dünsten. Knoblauch, Paprikapulver, Gemüsebrühpulver und Oregano hinzufügen und 1–2 Minuten lang mitdünsten. Anschließend Sojasauce, Essig und Mehl hinzufügen und das Mehl etwas anschwitzen, was diesem Bohnengericht und eine schöne Konsistenz verleiht.

Den Backofen auf 200 °C vorheizen. Wenn die Bohnen weich und cremig sind, die Lorbeerblätter und Chilischoten entfernen (oder die Chilischoten drin lassen, wenn Sie gerne richtig scharfe gebackene Bohnen mögen). Die gedünstete Zwiebelmischung hinzufügen und bei starker Hitze gründlich unterrühren. Mit Salz abschmecken. Der Eintopf sollte ein bisschen dickflüssiger sein als ein normaler Eintopf und cremig. In die Auflaufform füllen und mit den Zwiebelringen belegen. 30–40 Minuten lang backen, bis sich eine dünne Kruste bildet und die Zwiebeln goldbraun werden. Warm mit Brot, Chapatis (S. 49) oder Tortillas (S. 62) und einem gemischten Salat servieren.

Mediterraner Linsenbraten

Dieses an Textur und Geschmack reiche Gericht ist die ideale Wahl, wenn Sie Gäste erwarten, die veganem Essen gegenüber skeptisch sind. Die Linsen-Gemüse-Mischung kann auch so gegessen werden, aber gebacken ist sie gehaltvoller und knuspriger.

200 g getrocknete grüne Linsen, gewaschen und abgetropft

2 Lorbeerblätter

1 Streifen Kombu (4 cm)

½ TL Meersalz

3 Handvoll Mangold, Spinat oder junger Grünkohl

5 EL Olivenöl

6 Knoblauchzehen, zerdrückt

90 g gehackte Zwiebeln

½ TL gemahlener Rosmarin oder getrocknete Kräuter der Provence

Zerstoßener schwarzer Pfeffer

2 TL Dijon-Senf

2 TL Zitronensaft

30 g Mandelmehl (S. 16–17) oder 30 g feine Semmelbrösel und zusätzlich zum Bestreuen

Eine Kastenform (12 x 15 cm), gut geölt

4 Portionen

In einem großen Topf die Linsen mit Wasser bedecken, Lorbeerblätter und Kombu hinzufügen und bei starker Hitze ohne Deckel zum Kochen bringen. Wenn das Wasser kocht, gut 100 ml kaltes Wasser hinzufügen, die Hitze reduzieren und auf mittlerer Stufe halb zugedeckt weitere 10 Minuten lang kochen lassen. Nochmals gut 100 ml kaltes Wasser hinzufügen und die Linsen weitere 10 Minuten lang zugedeckt sieden lassen. Ein letztes Mal gut 100 ml kaltes Wasser hinzufügen und die Linsen zugedeckt weitere 10 Minuten lang köcheln lassen. Die Linsen sollten danach weich, vollständig gar und ein bisschen klebrig sein. Salz hinzufügen, Lorbeerblätter und Kombu entfernen, Kombu in kleine Stücke schneiden und unter die Linsen mischen. Das Gemüse in kochendem Wasser ein paar Minuten lang blanchieren, abgießen und klein schneiden.

Das Olivenöl in einer Bratpfanne bei mittlerer Hitze erwärmen, Knoblauch, Zwiebeln, getrocknete Kräuter und Pfeffer nach Belieben hinzufügen. Ein paar Minuten lang dünsten, dann das blanchierte Gemüse, die gekochten Linsen, den Senf und den Zitronensaft hinzufügen. Alles miteinander vermischen, dann das Mehl bzw. die Semmelbrösel hinzufügen.

Den Backofen auf 200 °C vorheizen. Die Linsenmasse in die geölte Backform füllen und einen beliebig langen oder hohen Laib formen. Er muss nicht die gesamte Form ausfüllen. Den Braten mit Öl bestreichen und mit etwas Mandelmehl oder Semmelbrösel bestreuen. Ca. 30 Minuten lang backen, bis sich eine schöne Kruste bildet und der Braten goldbraun wird. 20 Minuten lang abkühlen lassen, dann einen großen Teller über die Backform legen. Mit einer schnellen Bewegung den Linsenbraten auf den Teller stürzen. Er sollte die Form der Backform beibehalten. Vorsichtig in dicke Scheiben schneiden und servieren. Man kann die Masse aber auch mit einem Löffel aus der Backform heben und so servieren.

Dazu passen gut die Zwiebelsauce von S. 104, der Hirsebrei von S. 14 und eine große Schüssel Gartensalat.

Linsen-Moussaka

Moussaka ist zwar eigentlich kein fleischloses Gericht, aber ich habe meine eigene, vegane Version davon kreiert.

Linsenschicht

300 g getrocknete braune Linsen, gewaschen und abgetropft

1 Streifen Kombu (6 cm)

1 Lorbeerblatt

Kartoffel-Auberginen-Schicht

2 große Auberginen

1 TL Meersalz

650 g mittelgroße Kartoffeln

120 ml Sonnenblumenöl zum Braten

350 ml Tomatensauce (S. 99) oder „falsche" Tomatensauce (S. 100)

Béchamelsauce

60 ml Olivenöl

4 EL Hirse- oder Weizenmehl

580 ml Sojamilch

1 EL weißes Miso (optional)

1 TL Meersalz

1 Pr geriebene Muskatnuss

Zerstoßener schwarzer Pfeffer

Eine 23 x 30 cm große Auflaufform, gut geölt

4–6 Portionen

Die Linsen, Kombu und Lorbeerblatt mit kaltem Wasser bedecken und aufkochen. Den Deckel halb auflegen und die Linsen bei mittlerer Hitze ca. 15 Minuten lang kochen lassen. Gut 100 ml kaltes Wasser hinzufügen und 20 Minuten lang sieden lassen. Nochmals gut 100 ml kaltes Wasser hinzufügen, die Hitze leicht erhöhen und weitere 20 Minuten lang köcheln lassen. Kombu herausnehmen, in feine Streifen schneiden und wieder zu den Linsen geben. Das Lorbeerblatt entsorgen.

Die Auberginen waschen und der Länge nach in 3 mm dicke Scheiben schneiden. Diese in ein Sieb legen mit ½ Teelöffel Salz einreiben und mindestens 15 Minuten lang ziehen lassen. Mit Papiertüchern trocken tupfen. Die Kartoffeln schälen und längs in 2 mm dicke Scheiben schneiden. Ebenfalls trocken tupfen.

1 Esslöffel Öl in einer Pfanne bei mittlerer Hitze erhitzen. Eine Lage Auberginenscheiben auf einer Seite braun werden lassen, dann umdrehen. Sie sollten nach Möglichkeit nicht mehr als 1 Esslöffel pro Portion in die Pfanne geben. Die übrigen Scheiben ebenso braten und für jede Portion frisches Öl hinzufügen. Anschließend das restliche Öl in die Pfanne geben und die Kartoffelscheiben in 3 Portionen braten, bis sie auf beiden Seiten goldgelb sind. Mit ½ Teelöffel Salz würzen.

Den Backofen auf 180 °C vorheizen. Den Boden der Backform mit den gebratenen Kartoffelscheiben bedecken. Die Hälfte der Linsen hinzufügen und gleichmäßig verstreichen. Mit einer Schicht Auberginenscheiben belegen, darauf die Tomatensauce verteilen und darauf wiederum eine Schicht Auberginenscheiben und eventuell übrig gebliebene Kartoffelscheiben legen. Alles mit den restlichen Linsen bedecken.

Für die Béchamelsauce das Öl in die Pfanne geben, das Mehl hinzufügen und bei mittlerer Hitze unter kräftigem Rühren anschwitzen, bis es goldbraun ist. Dann nach und nach die Sojamilch hinzufügen und so lange weiter rühren, bis die Sauce kocht. Die Sauce sollte cremig und dickflüssig sein und keine Klümpchen haben. Das weiße Miso (nicht unbedingt notwendig, aber es gibt ein schönes Aroma), Salz, Muskatnuss und Pfeffer nach Belieben hinzufügen. Noch einmal durchrühren und vom Herd nehmen. Die Sauce über die Linsen gießen und gleichmäßig verteilen. In ca. 40 Minuten goldbraun backen.

Weiche Veggie-Tacos

Ich habe noch nie vorgefertigte Tortillas gekauft. Und wenn ich dann in meine selbst gemachten Tortillas mit einer schönen scharfen Füllung hineinbeiße, dann verstehe ich, warum viele Leute Tacos einem belegten Brot vorziehen!

Tortillas

260 g feines Maismehl

130 g Dinkel- oder Weizenmehl und zusätzlich zum Kneten

1 TL Meersalz

1 TL aktive Trockenhefe (ohne Zusätze)

3 EL Sonnenblumenöl

230 ml lauwarmes Wasser

Füllung

320 g gekochte Kidneybohnen

4 EL Olivenöl

1 große Zwiebel, gewürfelt

4 Knoblauchzehen, zerdrückt

1 Pr Meersalz

1 mittelgroße rote Paprika, gewürfelt

1 TL gemahlener Kreuzkümmel

1 Msp Chilipulver bzw. nach Belieben

1 TL getrockneter Oregano

2 EL Sojasauce

1 EL Apfelessig

1 EL Reis- oder Agavensirup

200 g Bio-Maiskörner aus der Dose, abgetropft

2 EL Wasser

30 g Frühlingszwiebeln und Korianderblätter, klein geschnitten und vermischt

2–4 Portionen

Für die Tortillas alle trockenen Zutaten in einer großen Schüssel gut vermischen, dann das Öl untermischen. So viel von dem Wasser hinzufügen, dass eine etwas weichere Teigkugel entsteht. Eine saubere Arbeitsfläche bemehlen und den Teig ein paar Minuten lang kneten. Bei Bedarf Mehl hinzufügen, aber den Teig geschmeidig halten. Aus dem Teig 2 Rollen formen, mit einem Geschirrtuch bedecken und mindestens 15 Minuten lang an einem warmen Ort ruhen lassen. Anschließend jede Rolle in 4–5 gleich große Stücke schneiden. Diese mit einem Nudelholz auf die Größe eines kleinen Desserttellers ausrollen, aber nicht zu dünn. Mit Mehl bestäuben, um ein Ankleben zu verhindern. Stapeln Sie die ausgerollten Tortillas nicht aufeinander! Eine Tortilla in eine vorgeheizte gusseiserne oder Edelstahlpfanne legen und 30 Sekunden lang erhitzen, bis sie aufgeht und Blasen wirft. Umdrehen und weitere 30 Sekunden lang erhitzen. Die fertigen Tortillas mit einem Geschirrtuch abdecken, damit sie warm bleiben und nicht austrocknen.

In der Zwischenzeit die Füllung zubereiten: 140 g gekochte Kidneybohnen mit einer Gabel zu einem stückigen Brei zerdrücken und beiseite stellen. Das Öl in einer Pfanne erhitzen und Zwiebeln und Knoblauch mit dem Salz darin glasig dünsten. Paprikawürfel, Kreuzkümmel, Chilipulver und Oregano hinzufügen und unter gelegentlichem Rühren weitere 10 Minuten lang dünsten. Sojasauce, Essig und Sirup hinzufügen und zum Kochen bringen. Den Mais zusammen mit den zerdrückten und ganzen Kidneybohnen sowie dem Wasser hinzufügen und bei mittlerer Hitze gut vermischen.

Mit der Mischung aus Frühlingszwiebeln und Koriandergrün bestreuen. Die Füllung probieren und bei Bedarf nachwürzen.

Zum Servieren die Füllung gleichmäßig auf den warmen Tortillas verteilen (sie sollte für 6–8 Tortillas ausreichen). Ein leicht gewürzter Salat bringt noch mehr Frische in dieses Gericht, aber ich serviere die Tacos manchmal mit Avocadosauce (S. 107) oder intensiver Tomatensauce (S. 99).

Polenta-Flammkuchen

In jedem meiner Kochbücher gibt es mindestens ein Rezept mit Polenta, und dieses Buch ist keine Ausnahme! Dieses optisch ansprechende Gericht ist knusprig, steckt voller sommerlicher Aromen und ist geradezu ein Gedicht für Ihre Geschmacksknospen. Aussehen und Konsistenz erinnern mich an den Flammkuchen, den ich zum ersten Mal in einem kleinen Strandlokal auf Helgoland probiert habe. Dies hier ist meine glutenfreie und vegane Version, die Ihnen hoffentlich schmeckt!

750 ml Wasser

½ TL Meersalz und zusätzlich zum Würzen

160 g Polenta

100 g Zucchini, geraspelt

50 g Zwiebeln, fein gewürfelt

70 g geräucherter Tofu, fein gerieben

Zerstoßener schwarzer Pfeffer

2–3 feste Tomaten

Olivenöl zum Beträufeln und Servieren

½ TL getrockneter Basilikum

Frisches Basilikum zum Garnieren

Eine 35 x 25 cm große Auflauf- oder Backform, gut geölt

2–3 Portionen

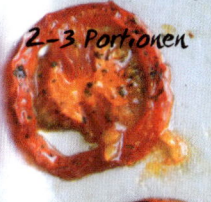

Den Backofen auf 200 °C vorheizen. Das Wasser zum Kochen bringen, ½ Teelöffel Meersalz hinzufügen und die Polenta mit einem Schneebesen einrühren. Die Hitze reduzieren und die Polenta zugedeckt 15 Minuten lang kochen lassen. Sie muss nicht umgerührt werden.

Die Zucchiniraspel etwas salzen, 5 Minuten ziehen lassen und anschließend so viel Flüssigkeit wie möglich herausdrücken. Zwiebeln, Zucchini und Tofu unter die gegarte Polenta mischen. Mit Salz und Pfeffer abschmecken. Die Polentamasse in die geölte Auflauf- oder Backform füllen, die Oberfläche glatt streichen. Die Tomaten in 5 mm dicke Scheiben schneiden und überschüssigen Saft und Kerne entsorgen. Die Tomatenscheiben in einer Schicht auf die Polenta legen und mit Olivenöl beträufeln, mit Salz, getrocknetem Basilikum und Pfeffer nach Belieben bestreuen. 20–25 Minuten lang backen, bis die Polenta goldbraun ist und die Tomatenscheiben gut durch sind. Etwas abkühlen lassen, dann in Stücke schneiden und mit frischem Basilikum, einem großen Schuss Olivenöl und ein wenig intensiver oder „falscher" Tomatensauce (S. 99 bzw. 100) servieren.

Sie können dieses Rezept variieren, indem Sie die Polenta statt mit Tomaten mit in dünne Scheiben geschnittenen Zucchini, Paprika oder Auberginen belegen. Bon appétit!

Vielseitige vegane Pizzas

Durch die Kombination von zwei verschiedenen Arten Pizzateig, zwei Arten roter Sauce und zwei Arten veganem „Käse" kann man acht verschiedene Arten Pizza erhalten! Belegen Sie sie mit Oliven, Zwiebelringen, Pilzen etc. und bestreuen Sie sie mit getrocknetem Oregano. Zusätzlich zum Nusskäserezept von S. 16 finden Sie hier noch ein Rezept für eine säuerliche Tofu-Reis-Mischung, die, wenn man ihr die richtige Menge Gewürze hinzufügt, eine schöne Konsistenz und den Geschmack von Frischkäse hat.

1 Portion Pizzateig mit oder ohne Hefe (S. 24)

½ Portion intensive Tomatensauce (S. 99)

Gemüse Ihrer Wahl (Oliven, Zwiebelringe, in Scheiben geschnittene Champignons etc.) als Belag

1 EL Olivenöl

1 TL getrockneter Oregano

Tofu-Frischkäse

150 g gekochter Naturreis (S. 15)

200 g frischer weicher Tofu

60 g Zwiebeln, fein gewürfelt

4 EL Olivenöl

1 EL Umeboshi-Essig oder 2 TL Umeboshi-Paste

Meersalz

Ein großes Backblech, gut geölt

Ergibt eine Pizza mit 27 cm Durchmesser

Für den Tofu-Frischkäse Reis, Tofu, Zwiebeln, Öl und Essig bzw. Paste in einer Küchenmaschine oder einem Mixer glatt pürieren. Je nachdem, wie weich der Tofu ist, muss eventuell noch ein wenig Wasser hinzugefügt werden. Salz hinzufügen (aber nicht zu viel, weil Umeboshi-Essig/-Paste bereits recht salzig ist). Dieser Käse wird noch besser, wenn man ihn 24 Stunden lang im Kühlschrank ruhen lässt. Um einen leicht anderen Geschmack zu erhalten, kann man das Olivenöl auch einmal durch dunkles Sesamöl oder Tahini ersetzen.

Den Pizzateig wie auf S. 24 beschrieben zubereiten, ausrollen und auf das Backblech legen. Mit der Tomatensauce bestreichen und mit Tofu-Frischkäse-Klecksen (oder dem Nusskäse von S. 16) und Gemüse nach Wahl belegen. Mit Olivenöl beträufeln und mit Oregano bestreuen. Wie auf S. 24 beschrieben backen.

Die Pizza auf dem Boden des Backofens zu backen, ist meiner Meinung nach die beste Methode, denn wenn man die Pizza zu lange in der Mitte des Ofens backt, wird der Teig hart und zu knusprig.

Vorspeisen, Snacks und Pausenmahlzeiten

Veganes Sushi

Es gibt keinen Grund zu glauben, Sushis seien eine komplizierte japanische Delikatesse, die man nicht selber machen könne. Ich zeige Ihnen hier, wie Sie zwei Arten von Sushi zubereiten können: Maki, bei dem das Noriblatt die Rolle umhüllt, und California Rolls, bei denen sich das Noriblatt im Inneren befindet.

Aufstrich

65 g Sonnenblumenkerne, ohne Fett geröstet (oder 4 EL Tahini)

3 TL Umeboshi-Paste

1 EL dunkles Sesamöl

Sushi

4 geröstete Noriblätter

480 g gekochter Naturreis (S. 15)

2 mittelgroße Essiggurken, längs in Streifen geschnitten, oder anderes sauer eingelegtes Gemüse (Sauerkraut, Daikon etc.)

1 lange Karotte, längs in dünne Stifte geschnitten

4 lange Frühlingszwiebelröllchen, gewaschen und abgetropft

Sauce

2 EL frischer Ingwersaft

2 TL Tamari

4 EL Wasser

2 EL Sesamkörner, ohne Fett geröstet

Sauer eingelegtes Gemüse und Wasabipaste zum Servieren

Eine Sushimatte

Ergibt 32 Stück

Für den Aufstrich die Sonnenblumenkerne im Mixer zerkleinern, dann Umeboshi-Paste und Öl hinzufügen. Dieser Aufstrich ist sehr salzig und nicht dazu gedacht, pur gegessen zu werden!

Eine Schüssel mit lauwarmem Wasser bereitstellen, um während der Sushi-Zubereitung die Hände zu befeuchten. Jeweils 1 Noriblatt mit der glänzenden Seite nach unten auf die Sushi-Matte legen. Mit feuchten Händen je 120 g gekochten Reis gleichmäßig auf dem Noriblatt verteilen. Oben einen 1 cm breiten Rand freilassen.

Für das Maki 1 Esslöffel Aufstrich mittig quer über dem Reis verteilen. Gurkenstreifen, Karottenstifte und Frühlingszwiebelröllchen über den Aufstrich legen. Diese Schicht sollte nicht zu dick sein.

Das Noriblatt von unten aufrollen und das Gemüse mit einrollen. Weiter aufrollen und dabei fest drücken, damit das fertige Sushi aufgerollt bleibt. Vor dem Servieren die Rolle in 8 gleich große Stücke schneiden. Diesen Vorgang mit den restlichen 3 Noriblättern wiederholen, sodass sich am Ende 32 Stück Sushi ergeben.

Wenn Sie lieber California Rolls machen möchten, belegen Sie die Sushimatte mit einem Stück Frischhaltefolie und legen 1 Noriblatt darauf. Mit feuchten Händen 120 g Reis auf das Noriblatt geben und gleichmäßig bis zu den Rändern verteilen. Das Noriblatt vorsichtig umdrehen, sodass der Reis jetzt auf der Frischhaltefolie liegt. 1 Esslöffel Aufstrich mittig quer über dem Noriblatt verteilen. Gurkenstreifen, Karottenstifte und Frühlingszwiebelröhrchen über den Aufstrich legen. Die Sushimatte vom unteren Rand her aufrollen und während des Vorgangs festdrücken. Achten Sie darauf, die Frischhaltefolie nicht mit einzurollen! Vor dem Servieren auspacken und in 8 gleich große Stücke schneiden. Jedes Stück in den gerösteten Sesamkörnern wälzen.

Für die Sauce Ingwersaft, Tamari und Wasser miteinander vermischen. Man genießt das Sushi, indem man es zuerst in die Sauce und dann in die gerösteten Sesamkörner (nur die Maki-Sushis) taucht.

Zu dem Sushi sauer eingelegtes Gemüse und, wenn Sie mögen, Wasabipaste servieren.

Zucchini-Walnuss-Canapés

Diese kleinen Canapés schmecken frisch und knackig, sind auch recht sättigend und werden garantiert nicht unbemerkt bleiben! Meine Oma war entsetzt, als ich ihr erzählte, dass man Zucchini auch roh essen kann, weil sie traditionellerweise immer gekocht (und oft auch verkocht!) werden. Ich bin mir jedoch sicher, dass Sie Freude daran haben werden, diese Canapés für Ihre Freunde und Ihre Familie zuzubereiten.

140 g gehackte Walnüsse

2 EL gehackte glatte Petersilie

4 getrocknete Tomatenhälften, eingeweicht, abgetropft und klein geschnitten

½ TL edelsüßes Paprikapulver

1 Msp Chilipulver

Saft von ½ Zitrone

Meersalz, falls nötig

Etwas Mandelmilch oder Wasser

1 mittelgroße Zucchini, diagonal in 3 mm dicke Scheiben geschnitten

30 g Alfalfa-, Chia- und Radieschen- oder andere Sprossen

Ergibt 20 Canapés

Alle Zutaten (außer der Flüssigkeit, der Zucchini und den Sprossen) in einer Küchenmaschine oder einem Mixer zu einer dicken Paste verarbeiten. Mit Salz abschmecken. Die Masse sollte eine kompakte Konsistenz besitzen, streichfähig sein und auf einer Zucchinischeibe haften bleiben. Falls sie jedoch zu fest ist, können Sie ein wenig Wasser oder Mandelmilch untermischen. Probieren und bei Bedarf nachwürzen.

Die Zucchinischeiben behutsam mit Papiertüchern abtupfen, falls sie feucht sind. Mit 1–2 Teelöffeln der Masse bestreichen und mit Sprossen bestreuen. Diesen Vorgang wiederholen, bis alle Zucchinischeiben aufgebraucht sind. Die Canapés sollten sofort serviert werden, weil das Salz im Belag dafür sorgt, dass die Zucchinischeiben schlapp werden und Feuchtigkeit absondern. Je nachdem, wie viel Belag Sie auf die Zucchinischeiben streichen, haben Sie eventuell noch etwas davon übrig. Er hält sich im Kühlschrank ein paar Tage lang.

Hirsekroketten

Übrig gebliebener Hirsebrei eignet sich großartig für die Zubereitung von Kroketten. Durch den Nori-Streifen bekommen die Kroketten etwas Pfiff.

1 Portion Hirsebrei
(S. 14)
1–2 Nori-Blätter
Pflanzenöl zum
Frittieren

2–4 Portionen

Den Hirsebrei nach dem Rezept von S. 14 zubereiten. Vollständig abkühlen lassen und mit feuchten Händen aus dem Brei 6 cm lange Kroketten formen. Keine Sorge, wenn sie etwas weich sind – die Kruste bildet sich während des Frittierens. Die Nori-Blätter in 10 cm lange und 1 cm breite Streifen schneiden und lose mittig um die Kroketten wickeln. Das Ende eines Streifens mit einem Tropfen Wasser befeuchten und festkleben. In heißem Öl frittieren und vor dem Servieren auf Küchenpapier abtropfen lassen. Diese Kroketten können als Vorspeise gereicht werden oder als Beilage (statt einfachen Getreides) oder statt Croûtons in Suppen und Salaten.

Kartoffelbrei und vegane Gnocchi

Wenn Ihnen der Sinn nach einer eher einfacheren Beilage steht, dann bereiten Sie eben nur den ersten Teil des Rezeptes zu: cremigen Kartoffelbrei!

470 g große Kartoffeln
80 ml pflanzliche Milch
2 EL ungehärtete Margarine
¾ TL Salz
Je 1 Pr geriebene Muskatnuss
   und zerstoßener schwarzer
   Pfeffer
145 g Weizenmehl
Meersalz
Olivenöl, frittierter
   Knoblauch, zerstoßener
   schwarzer Pfeffer,
   Salbeiblätter zum Servieren

2–3 Portionen

Die Kartoffeln waschen, schälen, in Spalten schneiden und in einem Topf mit Wasser bedecken. Aufkochen, die Hitze reduzieren und in ca. 15 Minuten weich kochen. Abgießen und etwas auskühlen lassen. Mit einem Kartoffelstampfer zerdrücken. Milch und Margarine so lange erwärmen, bis die Margarine schmilzt. Salz, Muskatnuss und Pfeffer zu den Kartoffeln geben und die Milchmischung unterrühren. Der Kartoffelbrei kann jetzt serviert werden.

Für die Gnocchi die Hälfte des Mehls zum Kartoffelbrei geben und zu einem sehr weichen Teig vermischen. Auf eine glatte bemehlte Arbeitsfläche geben und nach und nach das restliche Mehl unterkneten, bis ein glatter Teig entsteht, der nicht an den Händen klebt.

Aus dem Teig 3 ca. 3 cm dicke Rollen formen, auf ein bemehltes Tablett legen und für mindestens 30 Minuten in den Kühlschrank stellen. Einen Topf Wasser mit ein wenig Salz zum Kochen bringen. Den Teig aus dem Kühlschrank nehmen und die Rollen in kleine, 3 cm lange Gnocchi schneiden. Ins Wasser geben und 3–5 Minuten lang kochen lassen, bis sie nach oben steigen. Abgießen und sofort mit Olivenöl beträufelt und mit frittierten Knoblauchscheiben, zerstoßenem schwarzem Pfeffer und Salbeiblättern bestreut servieren.

Kirschtomaten mit Spinat-Pesto-Füllung

Diese kleinen zarten Happen sind nicht nur wegen ihres frischen Geschmacks, sondern auch wegen ihrer bemerkenswerten Farbkombination aus leuchtendem Rot und hellem Grün ein echter Genuss. Sie können sie zur Vorspeise servieren, aber auch als Amuse-Gueule, wenn Sie Ihre Gäste beeindrucken wollen.

20 Kirschtomaten
2 Handvoll Babyspinat
85 g Sonnenblumenkerne
4 EL Olivenöl
2 Knoblauchzehen, geschält
1 TL Zitronensaft
1–2 EL Wasser, falls nötig
Meersalz

Ergibt 20 Stück

Die Tomaten waschen und die Stängel entfernen. Von jeder Tomate unten eine dünne Scheibe abschneiden, damit sie aufrecht stehen bleiben. Die Tomaten oben abschneiden und mit einem kleinen Löffel das Fruchtfleisch herausholen. Gehen Sie dabei vorsichtig vor, damit die Tomaten nicht beschädigt werden.

Den Spinat gründlich waschen und abtropfen lassen. Die Sonnenblumenkerne ohne Fett kurz rösten, damit sie ihr Aroma freisetzen. Alle Zutaten (außer den Tomaten) in einem Mixer zu einem glatten Pesto verarbeiten. Falls nötig, das Wasser hinzufügen. Das Pesto sollte so flüssig sein, dass man es leicht in die ausgehöhlten Tomaten löffeln kann.

Die Tomaten sorgfältig füllen und sofort servieren, nach Belieben auch auf frischen Salatblättern und Sprossen.

Den Spinat können Sie auch durch Bärlauch ersetzen, wenn er gerade Saison hat. Dieser verleiht dem Pesto ein wunderschönes Aroma und eine sogar noch leuchtendere grüne Farbe. Auch andere weiche Gemüsesorten und Kräuter lassen sich gut verwenden. Statt der Sonnenblumenkerne kann man auch Mandeln, Pinienkerne, Haselnüsse, Sesamkörner, Cashewkerne und alle möglichen anderen Nüsse und Kerne für das Pesto nehmen.

Buchweizenknäckebrot

Buchweizen ist wirklich sehr gesund, wird aber leider oft übersehen. Probieren Sie dieses Knäckebrot als Snack mit Chutney (S. 108) oder geröstetem Gemüse.

95 g Buchweizen

85 g Sonnenblumenkerne

100 g Gemüse, geraspelt

¾ TL Meersalz

1 mittelgroße rote Paprika, entkernt

60 g Zwiebeln, gewürfelt

½ TL getrockneter Oregano

1 Msp getrockneter Thymian

1 Msp getrockneter Basilikum

2 EL gemahlene Leinsamen

3 EL Olivenöl

110 ml Gemüsesaft oder Wasser

Ein Rost oder Backblech (40 x 32 cm)

Ergibt **15** Stück

Den Backofen auf 80 °C vorheizen. Alle Zutaten in einem Hochgeschwindigkeitsmixer zu einer dicken Paste verarbeiten. Ein Stück Backpapier auf die Größe des Rosts/Backblechs zurechtschneiden und auf eine glatte Oberfläche legen. Die Paste so auf dem Backpapier verstreichen, dass sie die Form eines großen, ca. 3 mm dicken Rechtecks hat. Das Backpapier auf den Rost/das Backblech ziehen. In den oberen Teil des Backofens schieben. Die Temperatur auf 100 °C erhöhen, aber die Backofentür einen Spalt offen halten, damit der Buchweizen richtig getrocknet wird. 2–3 Stunden lang trocknen lassen.

Das Backpapier abziehen und das Knäckebrot mit einem Pizzaschneider in die gewünschte Form schneiden. Wenn Sie das Knäckebrot richtig knusprig mögen, können Sie es noch einmal für 30 Minuten direkt auf dem Rost/Backblech trocknen lassen. Ich habe es lieber, wenn es noch ein wenig weich ist, aber trockenes Knäckebrot hält länger, ohne zu verderben. Zum Servieren mit Chutney oder geröstetem Gemüse belegen.

Sonnenblumen-Kürbiskern-Falafeln

Diese Falafeln müssen nicht frittiert werden, enthalten keine Kichererbsen und sind überraschend einfach zuzubereiten. Sie eignen sich gut für die Brotdose und die Masse bleibt im Kühlschrank tagelang frisch. Die kleinen grünen Bällchen passen quasi immer: in Salaten, zu gekochtem Gemüse, als Beilage zu Suppen oder als Vorspeise. Eine tolle Möglichkeit, mehr Körner und Kerne in Ihre Ernährung einzuführen!

130 g Kürbiskerne

130 g Sonnenblumenkerne

50 g Walnüsse

5 EL gehackte glatte Petersilie

5 getrocknete Tomatenhälften, eingeweicht

2 Knoblauchzehen, zerdrückt

3 EL Olivenöl

Saft von ½ Zitrone

1 TL getrockneter Oregano

1 EL Wasser, falls nötig

Meersalz und zerstoßener schwarzer Pfeffer nach Belieben

Ergibt 24 Stück

Kürbis- und Sonnenblumenkerne in einer Küchenmaschine oder einem Mixer zu einem feinen Mehl verarbeiten, aber nicht zu lange mahlen, sonst werden sie zu einer Paste. Die Walnüsse fein hacken; sie verleihen den Falafeln eine knackige Konsistenz. Die Nüsse zusammen mit den restlichen Zutaten (außer dem Wasser) und den gemahlenen Kernen mit den Händen oder einem Silikonspatel gründlich vermischen. Probieren und bei Bedarf nachwürzen. Die Masse sollte kräftig und aromatisch schmecken. Etwas von der Masse in die Hand nehmen und zusammendrücken. Wenn sie nicht auseinanderfällt, ist sie feucht genug. Falls sie sich trocken anfühlt und sofort zerkrümelt, das Wasser untermischen.

Die Masse zu walnussgroßen Kugeln formen und entweder sofort servieren oder kalt stellen.

Salate

Wildreis mit Rucola und Pinienkernen

Wildreis besitzt einen wundervollen Geschmack und eine tolle Konsistenz. Es handelt sich dabei um eine Grasart, die in der Region der großen Seen in Nordamerika heimisch ist. Da er reich an Proteinen, Ballaststoffen, Mineralien und Vitaminen ist, sollte Wildreis einen festen Platz in ihrem wöchentlichen Speiseplan haben. Und wenn er so vermischt wird, wie ich es ihnen unten zeige, dann schmeckt er auch noch köstlich!

110 g Wildreis

1 Pr Meersalz

60 g schwarze Oliven, entsteint und klein geschnitten

70 g leicht geröstete Pinienkerne oder andere Kerne/Nüsse

4 Handvoll Rucola, Babyspinat oder anderes zartes Grün

Mediterrane Vinaigrette

80 ml natives Olivenöl extra

Balsam- oder Apfelessig, nach Belieben

1 Handvoll Basilikumblätter, fein gehackt

1 Knoblauchzehe, zerdrückt

4 EL Wasser

Meersalz und zerstoßener schwarzer Pfeffer

1–2 Portionen

250 ml Wasser in einem Topf zum Kochen bringen, Reis und Salz hinzufügen, dann die Hitze reduzieren und den Reis zugedeckt ca. 25 Minuten lang kochen lassen, bis der Reis weich und das Wasser vollständig verdampft ist. Wenn Sie keinen Wildreis bekommen können, können Sie auch andere, nicht klebrige, gegarte ganze Körner verwenden und zu den Oliven und Pinienkernen geben.

Für die Vinaigrette alle Zutaten in ein Schraubdeckelglas geben, dieses verschließen und kräftig schütteln. In einer großen Salatschüssel den gekochten Reis, die Oliven und die Pinienkerne vermischen. Die Salatsauce gut untermischen. Die Salatblätter waschen und abtropfen lassen und erst unmittelbar vor dem Servieren unter den Reissalat heben.

Oliviersalat

Das ist meine vegane Version eines sehr beliebten Festtagsgerichts, das man in vielen Ländern kennt. Bei uns in Kroatien heißt es fälschlicherweise „Franscuska salata" (französischer Salat). Ich serviere den Salat als Beilage zu Ofengemüse und/oder Tofu, Tempeh, gedämpftem Gemüse oder Frittiertem. Zusammen mit Knäcke- oder Fladenbrot kann er ganz leicht als sättigendes leichtes Mittag- oder Abendessen dienen.

2 mittelgroße Kartoffeln

150 g Erbsen, frisch oder gefroren

3 kleine Karotten, gewürfelt

70 g Essiggurken, gewürfelt

200 g Tofu-Mayonnaise oder Sonnenblumen-Cashewkern-Mayonnaise (S. 103)

2–3 Portionen

Die Kartoffeln in einem Topf mit kaltem Wasser bedecken und offen zum Kochen bringen. Die Hitze reduzieren und die Kartoffeln weich, aber nicht zu weich kochen, ca. 20–25 Minuten lang. Abgießen und abkühlen lassen, anschließend schälen und in Würfel schneiden. Beiseite stellen.

Wasser in einem mittelgroßen Topf zum Kochen bringen, die Erbsen hinzufügen und so lange kochen, bis sie weich, aber noch leuchtend grün sind. Um Zeit zu sparen, einen Dämpfeinsatz oder einen passenden Durchschlag auf den Topf setzen, während die Erbsen noch kochen, und die gewürfelten Karotten zugedeckt weich dämpfen. Die Erbsen abgießen und das Gemüse abkühlen lassen.

In einer großen Salatschüssel die Erbsen, Karotten, Kartoffeln und gewürfelten Essiggurken vermischen. Die Mayonnaise hinzufügen und gründlich mit dem Gemüse vermischen. Probieren und bei Bedarf nachwürzen. Da die Mayonnaise nicht zu stark gewürzt ist, müssen Sie unter Umständen noch mehr Salz, Pfeffer, Essig oder Öl hinzufügen – je nach Geschmack.

Pinkfarbener Quinoasalat mit Fenchel und Arame

Wenn man an jedem Tag der Woche einen Teller voller lebendiger Farben genießt, dann hält einen das innerlich und äußerlich gesund. Für diejenigen, die rohe Rote Bete nicht so gern mögen: Ich verwende nur eine kleine Menge davon, die man kaum schmeckt, die dem Salat aber eine beeindruckend leuchtende Farbe verleiht.

170 g Quinoa

¾ TL Salz

130 g Fenchel, in dünne Scheiben geschnitten

3 EL Zitronensaft

20 g getrocknete Arame-Streifen

1 TL Tamari

½ kleine Rote Bete, fein gerieben

1 EL Umeboshi-Essig

3 EL Sesamöl

3 Frühlingszwiebeln, klein geschnitten

2 EL Sonnenblumenkerne, ohne Fett geröstet (optional)

2 Portionen

400 ml Wasser in einem Topf aufkochen. Quinoa waschen, gut abtropfen lassen und mit 1 Prise Salz ins kochende Wasser geben. Die Hitze reduzieren und 20 Minuten lang zugedeckt köcheln lassen, bis das Wasser vollständig verdampft ist.

Den in Scheiben geschnittenen Fenchel in eine Schüssel geben, 2 Esslöffel Zitronensaft und ½ Teelöffel Salz hinzufügen und mit den Händen gut drücken, bis der Fenchel anfängt, Wasser abzugeben.

Um die Arame zu garen, die Streifen in einen kleinen Topf geben, 450 ml Wasser hinzufügen und ohne Deckel aufkochen. Die Hitze reduzieren, den Deckel halb auflegen und die Arame 15 Minuten lang kochen lassen. Überschüssiges Wasser abgießen, Tamari hinzufügen und unter kräftigem Rühren bei milder Hitze verdampfen lassen.

Die geriebene Rote Bete in einer großen Salatschüssel mit dem Essig vermischen, der die Farbe noch intensiviert. Gekochten Quinoa, restlichen Zitronensaft, 4 Esslöffel gekochte Arame und das Öl hinzufügen. Fenchel und Frühlingszwiebeln erst unmittelbar vor dem Servieren untermischen. Bei Bedarf mit Salz und Zitronensaft nachwürzen. Zum Schluss mit gerösteten Sonnenblumenkernen bestreuen.

Selbst eingelegtes Kimchi

Dies ist nur eine von vielen Varianten von Kimchi. Das milchsaure Einlegen von Gemüse zu Hause wird oft vernachlässigt, und viele Menschen wissen nicht, wie wichtig es für eine gute Verdauung ist, jeden Tag natürlich vergorene Lebensmittel zu essen. Sie können immer ein paar Gläser mit Gemüse in verschiedenen Stadien der Fermentation in Ihrer Vorratskammer haben und jeden Tag ein oder zwei Löffel davon mit ihrer Hauptmahlzeit zu sich nehmen – so einfach ist das! Es lohnt sich, eine große Menge Kimchi zuzubereiten und innerhalb von 30–60 Tagen aufzubrauchen.

3 EL Meersalz

600 g Weißkohl, in feine
   Streifen geschnitten

180 g Lauch, klein geschnitten

4 Knoblauchzehen, geschält

20 g frischer Ingwer, geschält

10 g Dulse-Algen

1 TL gemahlene Kurkuma

1 ganze mittelgroße
   Chilischote

Tsukemonoki (optional)

12–15 Portionen

1,2 l Wasser mit dem Salz vermischen und so lange rühren, bis sich das Salz aufgelöst hat. Kohl und Lauch in einen Tsukemonoki geben und mit der Lake übergießen. Damit das Gemüse von Lake bedeckt bleibt, den Deckel ein ganz klein wenig herunterdrehen. Ein paar Stunden lang ziehen lassen, nach Möglichkeit über Nacht. Falls Sie keinen Tsukemonoki besitzen, geben Sie das Gemüse in eine Schüssel und beschweren es mit einem Teller.

In der Zwischenzeit Knoblauch und Ingwer zerdrücken. Dulse-Algen 30 Minuten lang in kaltem Wasser einweichen, anschließend abgießen und klein schneiden.

Das Gemüse abgießen, die Lake auffangen. Kurkuma mit dem Gemüse, den Algen, dem Knoblauch und dem Ingwer vermischen und die Chilischote hinzufügen.

Diese Mischung zurück in den Tsukemonoki/die Schüssel geben und so viel Lake einfüllen, dass das Gemüse davon bedeckt ist, wenn es heruntergedrückt wird. Den Deckel so weit wie möglich herunterdrehen. Wenn Sie einen Teller verwenden, legen Sie etwas Schweres darauf. Mindestens 1 Woche lang fermentieren lassen. Der beste Geschmack entwickelt sich nach 4 Wochen!

Veganer Caesar-Salat

Lassen Sie sich nicht von der Tatsache täuschen, dass es sich hier um einen Salat handelt: In Wirklichkeit ist er eine sättigende Mahlzeit für sich! Verwenden Sie ruhig auch einmal anderes Gemüse, aber behalten Sie die Mayonnaise und die Croûtons bei, denn die runden den Salat ab und machen ihn herrlich gehaltvoll.

Salat

6–8 junge Grünkohlblätter

1 Pr Meersalz

Saft von 1 Zitrone

250 g gemischter Blattsalat (je nach Saison können Sie bis zu 3 Sorten mischen: Eichblatt, roter Kopfsalat, Rucola, Endivie, Romana, Brunnenkresse, Radicchio, Feldsalat, Chicoree etc.)

½ reife Avocado

1 mittelgroße Karotte (oder anderes Wurzelgemüse), fein gerieben

5 EL Alfalfa-, Knoblauch-, Lauch-, Kresse- oder andere Sprossen

4 EL gehackte Walnüsse

100 g Croûtons (S. 116)

10 Schnittlauch- oder andere essbare Blüten

Dressing

450 g Tofu- oder Sonnenblumen-Cashewkern-Mayonnaise (S. 103)

Hauptgericht für 2, Beilage für 4 Personen

Die Kohlblätter waschen und abtropfen lassen, dann die Mittelrippe herausschneiden. Den Kohl in feine Streifen schneiden, mit dem Salz bestreuen, mit Zitronensaft beträufeln und kurz durchkneten. Anschließend 10 Minuten lang marinieren lassen. Dadurch werden die Blätter weicher und besser verdaulich. Die Salatblätter waschen, abtropfen und zerkleinern, das Avocadofleisch mit einem Esslöffel herauslöffeln und würfeln. In einer großen Salatschüssel die Salatblätter, die Avocadowürfel, die geriebene Karotte (oder anderes Wurzelgemüse), die Sprossen, Walnüsse, Croûtons und Blüten (falls gewünscht) miteinander vermischen.

Den Salat mit der Mayonnaise Ihrer Wahl übergießen und diese gründlich untermischen. Probieren und bei Bedarf mit Salz, Essig oder Gewürzen Ihrer Wahl nachwürzen. Vor dem Servieren 10 Minuten ruhen lassen, damit sich die Aromen entfalten können.

Dinkelgraupensalat mit Champignons und Brunnenkresse

Viele Menschen vermeiden Weizen und greifen stattdessen zu Dinkel, weil dieser leichter verdaulich ist und seltener allergische Reaktionen hervorruft. Sowohl die ganzen Körner als auch die Graupen besitzen eine angenehme Konsistenz. Die Graupen, auch als Koch-Dinkel bekannt, sind in 20 Minuten gar, aber wenn Sie das volle Korn bevorzugen, können Sie auch das verwenden und wie Naturreis garen (S. 15). In Kombination mit einem erfrischenden Dressing ergibt sich ein leichtes und nahrhaftes Mittagessen.

190 g Dinkelgraupen, gewaschen und abgetropft

1 Msp Meersalz

150 g Champignons in Scheiben

3 TL Tamari

1 TL Zitronensaft

1 TL Sesamöl

Dressing

2 Handvoll Brunnenkresse, gewaschen und abgetropft

1 Pr Meersalz bzw. nach Geschmack

2 EL gehackte Haselnüsse

2 EL Olivenöl

2 EL Zitronensaft

3 EL Haselnüsse, ohne Fett geröstet, gehackt, zum Garnieren

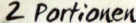

2 Portionen

440 ml Wasser in einem Topf zum Kochen bringen, Dinkel und Salz hinzufügen und den Dinkel zugedeckt bei ganz geringer Hitzezufuhr in ca. 20 Minuten bissfest garen. Eventuell noch vorhandene restliche Flüssigkeit abgießen und den Dinkel etwas abkühlen lassen.

Die Pilze in Tamari und Zitronensaft wenden. Das Öl in einer Pfanne erhitzen und die Pilze darin 1–2 Minuten lang braten, bis sie leicht zusammenfallen. Vom Herd nehmen, in eine Schüssel umfüllen und abkühlen lassen.

Für das grüne Dressing alle Zutaten – außer ein paar Stielen Brunnenkresse als Garnitur – in einem Mixer zu einem glatten und cremigen Dressing pürieren. Probieren und bei Bedarf nachwürzen. Das Dressing sollte leicht salzig sein, um den Geschmack des gekochten Dinkels zu verstärken.

Unmittelbar vor dem Servieren Dinkel und Pilze miteinander vermischen und mit zwei vollen Esslöffeln Dressing übergießen. Mit den gehackten Nüssen bestreuen und mit den Brunnenkressestielen garnieren. Sie können das Dressing auch jeden selbst untermischen lassen.

Saucen und Dips

Intensive Tomatensauce

Gerichte von Grund auf selbst zuzubereiten, ist unglaublich befriedigend, und der Geschmack von Selbstgemachtem ist auch komplett anders. Ich habe das Glück, einen eigenen Garten zu besitzen, in dem wir saftige Tomaten ziehen, die wir auf dem Höhepunkt ihrer Reife pflücken, passieren und für den Vorrat konservieren. Wenn Sie keine eigenen passierten Tomaten haben, verwenden Sie biologisch angebaute passierte oder – für ein stückigeres Ergebnis – ganze Tomaten aus der Dose. Für diese göttliche Tomatensauce braucht man wirklich Tomaten allererster Güte!

1 Portion Soffritto (S. 19)

3 getrocknete Tomatenhälften, eingeweicht, abgetropft und klein geschnitten

1 TL Gemüsebrühpulver oder ½ Gemüsebrühwürfel

½ TL getrockneter Oregano

½ TL getrockneter Basilikum

1 EL Reis-, Agaven- oder Ahornsirup

1 EL Tamari

1 Pr Meersalz

Zerstoßener schwarzer Pfeffer

570 ml passierte Tomaten

3 Knoblauchzehen, zerdrückt

2 EL gehackte Petersilie oder Schnittlauchröllchen

Olivenöl zum Verfeinern

Ergibt 650 ml

Wenn das Gemüse des Soffrittos weich ist, getrocknete Tomaten, Gemüsebrühe, getrocknete Kräuter, Sirup, Tamari sowie Salz und Pfeffer nach Belieben hinzufügen und ca. 2 Minuten lang rühren, bis das Gemüse die Gewürze aufgenommen hat. Die passierten Tomaten hinzufügen und die Sauce zum Kochen bringen. Dann die Hitze wieder reduzieren und die Sauce ca. 10 Minuten lang offen köcheln lassen. Die Kochzeit hängt davon ab, wie sämig Sie Ihre Sauce mögen.

Ganz zum Schluss Knoblauch, Petersilie bzw. Schnittlauch und einen Schuss Olivenöl dazugeben.

Verwenden Sie die Sauce für Nudelgerichte, Pizza und – in kleinen Mengen – um Eintöpfen, Suppen und Ragouts Geschmack zu verleihen. Reste sollten Sie innerhalb von 3 Tagen verbrauchen oder einfrieren.

Falsche Tomatensauce

Warum falsch, wenn man das Original haben kann, werden Sie sich fragen. Dafür gibt es zwei Gründe: Zum einen sind Tomaten so omnipräsent, dass ein bisschen Abwechslung mal ganz gut tut. Zum anderen ist es eine großartige Möglichkeit, Ihre Familie mit einer Auswahl an Gemüse zu versorgen, ohne dass sie es merkt, denn diese Sauce führt selbst den wählerischsten Esser hinters Licht. Wenn Kürbisse gerade keine Saison haben, können Sie sie durch Karotten ersetzen oder – falls möglich – beides verwenden.

470 g Kürbisfleisch

1 mittelgroße Rote Bete, geschält

1 mittelgroße Zwiebel, geschält

2 Lorbeerblätter

Meersalz

3 Knoblauchzehen, zerdrückt

3 EL Olivenöl

½ TL getrockneter Oregano

1 Msp zerstoßener schwarzer Pfeffer

1 EL Umeboshi-Essig oder ½ EL Apfelessig

Dampfkochtopf (optional)

Ergibt 650 ml

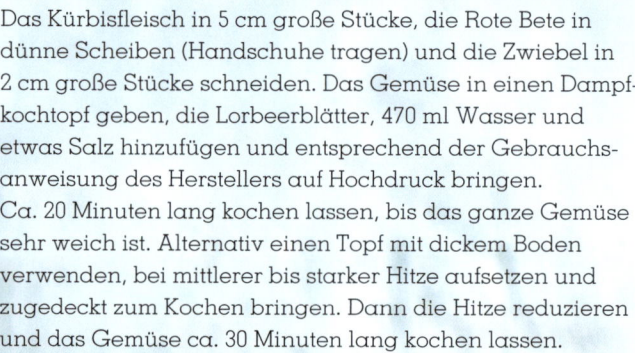

Das Kürbisfleisch in 5 cm große Stücke, die Rote Bete in dünne Scheiben (Handschuhe tragen) und die Zwiebel in 2 cm große Stücke schneiden. Das Gemüse in einen Dampf-kochtopf geben, die Lorbeerblätter, 470 ml Wasser und etwas Salz hinzufügen und entsprechend der Gebrauchs-anweisung des Herstellers auf Hochdruck bringen. Ca. 20 Minuten lang kochen lassen, bis das ganze Gemüse sehr weich ist. Alternativ einen Topf mit dickem Boden verwenden, bei mittlerer bis starker Hitze aufsetzen und zugedeckt zum Kochen bringen. Dann die Hitze reduzieren und das Gemüse ca. 30 Minuten lang kochen lassen.

Den Großteil der Roten Bete und die Hälfte der Kochflüssig-keit (für später aufheben) aus dem Topf nehmen. Die Lor-beerblätter entfernen. Jetzt das Gemüse im Mixer kurz pürieren, sodass eine dickflüssige, orangerote Masse ent-steht. Nach und nach die restliche Rote Bete und etwas von der Kochflüssigkeit hinzufügen und mixen, bis ein leuchten-des Tomatenrot und die Konsistenz einer Sauce erreicht ist.

Zum Schluss Knoblauch, Olivenöl, Oregano, Pfeffer und Essig hinzufügen, die dafür sorgen, dass die Sauce „tomatig" schmeckt. Mit Salz abschmecken.

Verwenden Sie die Sauce auf Pizza oder als Nudelsauce oder verdünnen Sie sie und servieren Sie sie als „Lieblings-tomatensuppe"!

Tofu-Mayonnaise

Wir alle wissen, dass „normale" Mayonnaise wirklich ungesund ist. Es gibt auch viele vegane Ersatzprodukte auf dem Markt, die fast genauso ungesund sind, viele gesättigte Fettsäuren und Zusatzstoffe enthalten. Sobald Sie anfangen, diese gesunden veganen Mayonnaisen zuzubereiten, wollen Sie keine andere mehr – bestimmt!

300 g frischer Tofu
6 EL Wasser
4 EL Oliven- oder Sonnenblumenöl
3 EL Zitronensaft oder Apfelessig
1 weiche Dattel
½ TL Meersalz

Ergibt 350 g

Alle Zutaten im Mixer zu einer glatten und homogenen Masse verarbeiten. Probieren und bei Bedarf nachwürzen. Ich mag die Mayonnaise lieber säuerlich als süß, deshalb füge ich immer noch ein bisschen mehr Zitronensaft oder Essig hinzu. Es kommt auch darauf an, wozu Sie sie servieren wollen. Wenn Sie die Mayonnaise z. B. als Salatsauce verwenden, sollten Sie sie mit Zitronensaft oder Essig etwas saurer machen. Wenn Sie sie hingegen zu salzigen Gerichten wie Frikadellen oder Pommes Frites reichen, sollten Sie weniger Salz verwenden.

Sonnenblumen-Cashewkern-Mayonnaise

85 g Sonnenblumenkerne
95 g Cashewkerne
3 EL Olivenöl
¾ TL Meersalz
4 EL Zitronensaft
1 weiche Dattel
200 ml kaltes Wasser
1 EL Apfelessig
2 Knoblauchzehen, geschält (wer mag)

Ergibt 400 g

Die Kerne über Nacht in kaltem Wasser einweichen. Am nächsten Tag die Flüssigkeit weggießen, die Kerne abspülen und abtropfen lassen. Mit allen anderen Zutaten in einen Mixer geben und zu einer vollständig glatten Masse verarbeiten. Ein optimales Ergebnis erreicht man mit einem Hochgeschwindigkeitsmixer – die Mayonnaise bekommt darin eine traumhaft samtige Konsistenz.

Beachten Sie oben stehende Hinweise für die Tofu-Mayonnaise, damit Sie die Mayonnaise nicht zu fade oder zu salzig machen.

Zwiebelsauce

Diese Sauce ist ganz schnell und einfach gemacht, wenn Sie das Gefühl haben, Ihr Essen braucht noch etwas „Saft"! Ich reiche diese vegane Bratensauce unter anderem zu Hirsebrei (S. 14).

4 EL helles Sesamöl

1 Pr Meersalz

90 g Zwiebeln, halbiert und längs in feine Scheiben geschnitten

4 Knoblauchzehen (wer mag)

1 EL Sojasauce

1 TL Apfelessig

1 TL Reis- oder Agavensirup

2 EL Mehl

2 TL Dijon-Senf

Zerstoßener schwarzer Pfeffer

2 EL gehackte Kräuter

Ergibt 500 ml

Das Sesamöl mit dem Salz in einer großen Pfanne bei milder Hitze erwärmen und die Zwiebeln darin glasig dünsten. Man kann mit den Zwiebeln auch ein paar klein geschnittene frische Pilze mitdünsten. Nach Belieben 4 zerdrückte Knoblauchzehen hinzufügen und mitdünsten. Die Hitze leicht erhöhen, Sojasauce, Essig und Sirup hinzufügen und unter Rühren so lange erhitzen, bis es zischt.

Langsam das Mehl hinzufügen und 1 Minute lang kräftig mit einem Schneebesen rühren, dann unter ständigem Rühren nach und nach ca. 250 ml Wasser hinzufügen, bis eine bratensaucenartige Konsistenz ohne Klümpchen erreicht wird. (Falls Sie auf Mehl verzichten wollen, können Sie auch ein Verdickungsmittel Ihrer Wahl – Speisestärke, Kuzu oder Pfeilwurzelmehl – in ein wenig Wasser auflösen.) Senf und Pfeffer unterrühren, probieren und bei Bedarf noch mehr Sojasauce hinzufügen. Zuletzt, unmittelbar vor dem Servieren, mit den gehackten Kräutern bestreuen.

Sauce zu Pfannengerichten

Diese Sauce bereite ich mindestens einmal wöchentlich zu, weil mein Mann so gerne Pfannengerichte isst! Außerdem kann ich dabei unbemerkt viele Gemüsesorten hineinschmuggeln …

2 EL zerdrückter Ingwer

½ TL gemahlener Ingwer

2 EL zerdrückter Knoblauch

3 EL Sojasauce

2 EL geröstetes Sesamöl

1 EL Reis- oder Agavensirup

1 Msp Chilipulver

1 TL Zitronensaft

100 ml Wasser

2 EL Sesamkörner

3 EL in Ringe geschnittene Frühlingszwiebeln

Ergibt 150 ml

Alle Zutaten (außer den Sesamkörnern und den Frühlingszwiebeln, die erst ganz zum Schluss in die Sauce kommen) im Mixer zu einer relativ glatten Mischung verarbeiten.

Ich verwende die Sauce zum Marinieren von Tofu, Seitan oder Tempeh, die ich zusammen mit Gemüse unter Rühren kurz anbrate. Dann gebe ich gekochte Nudeln dazu und gieße die restliche Sauce in den Wok. Ich reiche die Sauce auch zu veganem Sushi (S. 71) oder als Dip für Hirsekroketten (S. 75) oder würzige Frikadellen (S. 54).

Nudeln mit Avocadosauce

Für mich schmecken alle Gerichte mit Avocado köstlich! Avocado kann man nicht nur zu Guacamole verarbeiten, in Salaten oder in Salsas verwenden, sondern auch zu einer schönen cremigen Sauce pürieren, die gut zu Dinkel- oder Reisspaghetti passt. Die Zubereitung dauert nur ein paar Minuten, aber das Glücksgefühl hält viel länger!

1 reife Avocado

4 EL Olivenöl

2 EL Umeboshi-Essig (oder Sojasauce oder Meersalz nach Belieben)

2 EL Tahini

200 g Spaghetti, al dente gekocht und abgegossen

1 Handvoll Knoblauch- oder andere Sprossen

2 EL geröstete schwarze Sesamkörner zum Garnieren

2 Portionen

Die Avocado halbieren, das Fleisch herauslöffeln und mit Olivenöl, Essig (oder der Sojasauce bzw. dem Meersalz) und Tahini im Mixer pürieren. Falls die Sauce zu dickflüssig ist, können Sie noch ein wenig Wasser hinzufügen. Probieren und bei Bedarf nachwürzen. Die Sauce kann ruhig etwas salziger sein, weil die Nudeln eine kräftige Sauce brauchen.

Die Sauce über die heißen Nudeln gießen und gründlich untermischen. Sofort servieren. Jede Portion mit der Hälfte der Knoblauchsprossen (oder anderer Sprossen) und 1 Esslöffel schwarzer Sesamkörner bestreuen.

Statt Tahini können Sie auch andere Pasten aus Kernen, Körnern oder Nüssen verwenden. Erdnussbutter gibt zum Beispiel auch eine schöne Sauce! Im Prinzip können Sie unendlich viele Varianten dieser Sauce zubereiten, indem Sie Knoblauch, Zwiebeln, Zitronensaft oder schwarzen Pfeffer hinzufügen – je nachdem, was Sie in Ihrem Kühlschrank und in Ihrer Vorratskammer haben. Bon appétit!

Roter Paprika-Dip

Für diesen Dip eignen sich am besten rote Spitzpaprika. Das Rösten intensiviert den Geschmack der roten Schoten und verleiht diesem Dip ein wundervolles Aroma.

1 kg roter
  Spitzpaprika
160 ml Olivenöl
4 Knoblauchzehen, zerdrückt
1 EL Apfelessig
Meersalz

Ergibt 230 g

Den Backofen auf 180 °C vorheizen. Die Paprikaschoten waschen und trocken tupfen. Ein Backblech mit Backpapier belegen und die ganzen Paprikaschoten nebeneinander darauflegen. Im Backofen so lange unter häufigem Wenden rösten, bis die ganze Haut schwarz geworden ist und Blasen wirft. Aus dem Ofen nehmen und so lange in einen luftdicht verschließbaren Behälter legen, dass sich Dampf bildet – ca. 15 Minuten lang. Die Flüssigkeit, die während des Abkühlens aus den Paprika austritt, aufheben. Die Paprika schälen und entkernen, hierbei austretende Flüssigkeit auffangen. Das Fruchtfleisch in kleine Stücke schneiden. Das Öl in einer Pfanne erhitzen, Paprika und Knoblauch hinzufügen und mit 1 Prise Salz anbraten. Essig, aufgefangenen Paprikasaft und noch mehr Salz hinzufügen und bei mittlerer Hitze weitere 20 Minuten lang köcheln lassen, bis die Flüssigkeit verdampft und die gewünschte Konsistenz erreicht ist. Als Brotaufstrich verwenden oder mit ein bisschen heißem Wasser oder Öl pürieren und als Dip servieren.

Auberginen-Dattel-Chutney

Diese dickflüssige Sauce explodiert geradezu vor Aromen und ergibt eine tolle Würze. Ich serviere sie am liebsten auf getoastetem selbst gebackenen Brot (S. 27) oder Knäckebrot (S. 79).

70 g weiche Datteln
2 große Auberginen
120 ml Olivenöl
¾ TL Meersalz
240 g Zwiebeln, in feine
  Halbmonde geschnitten
½ TL Fenchelsamen
½ TL Kreuzkümmelsamen
1 Msp Chilipulver
2 EL Tamari
2 EL Reis- oder Apfelessig

Ergibt 230 g

Die Datteln mindestens 1 Stunde lang in warmem Wasser einweichen. Den Backofen auf 200 °C vorheizen. Die Auberginen waschen und längs halbieren. Die Schnittflächen mit ein wenig Öl und ½ Teelöffel Salz einreiben. Die Außenseiten aller 4 Hälften mit einer Gabel mehrmals einstechen. Mit der Schnittfläche nach unten auf ein mit Backpapier ausgelegtes Backblech legen. In 40 Minuten backen. Abkühlen lassen, schälen und würfeln.

Die Zwiebeln im restlichen Öl mit 1 Prise Salz bei milder Hitze unter gelegentlichem Rühren dünsten. Die Gewürze hinzufügen und zugedeckt in ca. 20 Minuten karamellisieren lassen. Die Datteln abgießen und klein schneiden, anschließend zusammen mit den Auberginen in die Pfanne geben und 5 Minuten lang mitdünsten. Tamari und Essig gründlich unterrühren und ohne Deckel weitere 5 Minuten lang kochen.

Suppen und Eintöpfe

Heilender Adzukibohnen-Eintopf mit Amaranth

Während ich diesen Eintopf esse, kann ich fühlen, wie sich mein Körper entspannt und mein Magen sich bei mir bedankt! Das Gericht kommt mit einigen wenigen Zutaten aus, besitzt eine tolle cremige Konsistenz und schmeckt leicht süßlich. Nach einer Reise, wenn das Mittagessen mal ausgefallen ist oder der Tag besonders anstrengend war, nimmt Ihnen dieser Eintopf alle Sorgen!

200 g getrocknete
  Adzukibohnen
180 g Hokkaido- oder
  Kabocha-Kürbis, geschält,
  entkernt und gewürfelt
70 g Amaranth
2 EL Sojasauce
½ EL Umeboshi-Essig
½ TL Kurkumapulver
½ TL Meersalz

2–3 Portionen

Die Adzukibohnen in einem Topf mit 1 l kaltem Wasser bedecken und über Nacht einweichen lassen (das ist nicht unbedingt nötig, verkürzt aber die Kochzeit). Die Bohnen im Einweichwasser zum Kochen bringen, die Kürbiswürfel hinzufügen und bei milder Hitze halb zugedeckt so lange kochen lassen, bis die Bohnen halbgar sind (ca. 30 Minuten lang). Den Amaranth hinzufügen und so lange kochen, bis sowohl die Bohnen als auch der Amaranth weich sind (weitere 20–30 Minuten). Mit den restlichen Zutaten würzen und bei Bedarf noch etwas heißes Wasser hinzufügen.

Dieser Eintopf enthält kein Öl und versorgt den Körper mit einer ausgewogenen Kombination aus Nährstoffen. Er ist ein großartiges Wintergericht und genau das Richtige, wenn Sie erschöpft sind und sich nach bekömmlicher Nervennahrung sehnen.

Grüne Cremesuppe

Auf unseren Tellern kann es niemals genug grüne Farbe geben! Wenn Brennnesseln Saison haben (im Frühling und im Herbst), bereite ich sehr gern eine leuchtend grüne Brennnesselsuppe zu, aber anderes Gemüse ist auch gut geeignet, z. B. Mangold, Spinat, junger Grünkohl, Bärlauch und Brokkoli. Ihre Cremigkeit bekommt die Suppe durch Avocado, aber man kann auch gegarte Kartoffeln, ein paar Löffel Soja-/Hafersahne oder einen Teelöffel in Wasser aufgelöstes Verdickungsmittel nehmen.

5 Handvoll grünes
  Blattgemüse (Mangold,
  Spinat, Grünkohl,
  Brennnesseln etc.)

1 Pr Meersalz

150 g reifes
  Avocadofruchtfleisch

1 TL Zitronensaft

1 EL Olivenöl

1 EL Umeboshi-Essig

3 Knoblauchzehen, zerdrückt

1 Portion glutenfreie Croûtons
  (S. 27)

3 Portionen

1 l Wasser in einem großen Topf zum Kochen bringen. Das Gemüse sorgfältig waschen und abtropfen lassen. Bei Grünkohl die harten Mittelrippen entfernen. Das Gemüse ins kochende Wasser geben und zugedeckt 1–4 Minuten lang kochen. Die Garzeit hängt von der Gemüsesorte ab; das leuchtende Grün sollte erhalten bleiben.

Alle anderen Zutaten hinzufügen, alles im Mixer pürieren. Probieren und bei Bedarf nachwürzen.

Sofort mit frisch gerösteten glutenfreien Croûtons (S. 27) servieren.

Samtige rote Linsensuppe

Das ist meine liebste Herbst- und Wintersuppe! Meine Gäste haben sie vielleicht schon ein bisschen satt, aber da sie wirklich sehr gehaltvoll und lecker ist, nehme ich an, dass sie mir verzeihen, dass ich sie während der Kürbissaison fast jede Woche auf die Speisekarte setze. Ich hoffe, Sie sind genauso begeistert von der Suppe wie ich!

70 g Lauch (nur das Weiße) oder Zwiebeln, klein geschnitten

4 EL Olivenöl

1 Pr Meersalz

200 g geschälte und entkernte Kürbisspalten, in 3–4 cm große Stücke geschnitten

120 g Karotte, in 2–3 cm lange Stücke geschnitten

1 TL Gemüsebrühpulver

1 Msp Kurkumapulver

4 Knoblauchzehen, zerdrückt

2 Lorbeerblätter

3 getrocknete Tomatenhälften, klein geschnitten

2 EL Weißwein

150 g getrocknete rote Linsen, gewaschen und abgetropft

1 Streifen Kombu (7 cm lang)

1 Spritzer Zitronensaft

Zerstoßener schwarzer Pfeffer

1 EL Umeboshi-Essig

4 Portionen

Den Lauch bzw. die Zwiebeln in einem großen Topf in dem Olivenöl mit dem Salz glasig dünsten. Kürbis- und Karotten-stücke hinzufügen und anschwitzen. Brühpulver, Kurkuma, Knoblauch, Lorbeerblätter und Tomaten hinzufügen und umrühren. Den Wein hinzufügen und die Mischung einmal aufkochen lassen. Linsen, Kombu und 1 l Wasser hinzu-fügen. Die Hitze erhöhen und die Suppe zugedeckt zum Kochen bringen. Dann die Hitze wieder reduzieren und die Suppe ca. 25–30 Minuten lang köcheln lassen, bis die Linsen und das Gemüse weich sind (im Dampfkochtopf dauert das nur ca. 15 Minuten).

Die Lorbeerblätter herausnehmen. Ich püriere die Suppe normalerweise mit dem Stabmixer, damit sie cremig wird, aber Sie können sie so lassen, wenn Sie es stückig und ein-topfartiger mögen. Zitronensaft, etwas Pfeffer und Umeboshi-Essig unterrühren. Probieren und nach Belieben nachwür-zen. Falls Ihnen die Suppe zu dickflüssig ist, können Sie noch mehr heißes Wasser hinzufügen. Beim Abkühlen wird sie auf jeden Fall eindicken.

Wenn man zusammen mit dem Kürbis und der Karotte noch 80 g gewürfelte Rote Bete zur Suppe gibt, dann verleiht ihr das ein tolles erdiges Aroma und einen hübschen orange-roten Farbton.

Reste sind immer willkommen, und es gibt kaum etwas, auf das ich mich nach einem harten Arbeitstag mehr freuen könnte.

Istrische Minestrone

Wenn ich meine Großmutter besuche, serviert sie mir ganz oft diese Suppe – und ich freue mich jedes Mal darauf! Häufig verwendet sie statt der Graupen Nudeln, die sie in der Woche selbst gemacht hat, aber mit Graupen bekommt die Suppe mehr Biss und ist sättigender. Die beste Zeit für diese Suppe ist der Frühsommer, wenn die Erbsen frisch aus der Schote kommen und die Wachsbohnen jung und weich sind.

140 g Wachsbohnen oder frische Maiskörner

4 EL Olivenöl

1 große Zwiebel, gewürfelt

2 Lorbeerblätter

½ TL Fenchelsamen

½ TL getrocknetes Basilikum

1 große Karotte, gewürfelt

150 g Erbsen, frisch oder gefroren

1 ½ EL Gemüsebrühpulver

1,2 l kochendes Wasser

110 g gekochte Perlgraupen oder 60 g getrocknete Suppennudeln (Risoni, Fidelini oder Ditalini)

30 g Fenchel, Spinat oder anderes grünes Gemüse

2 Knoblauchzehen, zerdrückt

Meersalz und zerstoßener schwarzer Pfeffer

4 Portionen

Von den Wachsbohnen die Enden abschneiden und die Bohnen schräg in 1,5 cm lange Stücke schneiden. Das Öl in einem großen Topf erhitzen, Zwiebel, Lorbeerblätter, Fenchelsamen, getrocknetes Basilikum und 1 Prise Salz hinzufügen und 1 Minute lang andünsten. Anschließend die Karottenwürfel unterrühren. Weitere 1 oder 2 Minuten lang dünsten, dann Erbsen und Wachsbohnen bzw. Maiskörner zugeben. Alles miteinander verrühren und zugedeckt bei milder bis mittlerer Hitze ca. 10 Minuten lang garen.

Das Suppenpulver zum gedünsteten Gemüse geben und gut verrühren. Mit dem kochenden Wasser übergießen und nochmals zum Kochen bringen. 10 Minuten lang kochen lassen, dann die gekochten Perlgraupen oder die getrockneten Suppennudeln hinzufügen und weitere 10 Minuten lang köcheln lassen. Mit Salz und Pfeffer abschmecken. Den Spinat (oder anderes Gemüse) klein schneiden und mit dem zerdrückten Knoblauch in einer kleinen Schüssel vermischen. Die Mischung ein paar Minuten vor dem Servieren unter die Minestrone rühren. Mit in Scheiben geschnittenem glutenfreiem Brot (S. 27) servieren.

Diese Suppe sollten Sie frisch gekocht servieren, vor allem wenn Sie Nudeln verwenden, weil diese sich mit Brühe vollsaugen, wenn man sie zu lange stehen lässt, sodass Sie am Ende einen Eintopf haben und keine Suppe!

Dieses Rezept ist eine tolle Verwendungsmöglichkeit für übrig gebliebene Perlgraupen, aber Sie können sie auch frisch kochen. Befolgen Sie einfach die Anweisung zum Kochen von Naturreis, aber nehmen Sie Perlgraupen statt Naturreis. Verwenden Sie einen Teil der gekochten Perlgraupen für die Minestrone und verbrauchen Sie den Rest in den kommenden Tagen für ein anderes Gericht.

Kombu-Brühe mit Tempura

Nach diesem Frühstück oder Mittagessen japanischer Art, das bei Ihnen ein warmes und wohliges Gefühl hinterlassen wird, sind Sie gesättigt und gestärkt für alles. Servieren Sie das Gericht in großen Schüsseln, nippen Sie die Brühe und essen Sie Nudeln und Gemüse mit Stäbchen!

Suppe

4 getrocknete Shiitake-Pilze

1 Streifen Kombu (12 cm lang)

2 dünne Stangen Lauch, in Ringen

2 kleine Karotten, in Streifen

1 Stück frischer Ingwer (2 cm), zerdrückt

3 Knoblauchzehen, in Scheiben

4 EL dunkles Sesamöl

Tamari zum Abschmecken

100 g Soba- oder Udon-Nudeln

2 EL geröstete Sesamkörner

Tempura

110 ml eiskaltes Wasser

70 g gekühltes Mehl und zusätzlich zum Wälzen

Meersalz

1 Msp Kurkumapulver

Verschiedenes Gemüse (Zucchini, Kürbis, Knollensellerie, Süßkartoffel, Zwiebel etc.), geschält und in dünne Scheiben geschnitten

220 ml Sonnenblumenöl zum Frittieren

3–4 Portionen

Pilze und Kombu in einem Topf mit 1,3 l Wasser zugedeckt zum Kochen bringen, dann bei mittlerer Hitze 10 Minuten lang kochen lassen. Kombu und Pilze (die Hüte in Scheiben schneiden, die Stiele entsorgen) herausnehmen, die Brühe aufheben.

Das Gemüse, den Ingwer und den Knoblauch in einem großen Topf in dem dunklen Sesamöl ein paar Minuten lang andünsten. Die in Scheiben geschnittenen Pilze und die Brühe hinzufügen und 5–10 Minuten lang kochen lassen. Mit viel Tamari würzen.

Unmittelbar vor dem Servieren die Nudeln separat bissfest garen. Würde man sie in der Brühe garen, würden sie viel davon aufnehmen und man hätte am Ende weniger Brühe als geplant.

Für den Ausbackteig das eiskalte Wasser und das gekühlte Mehl in einer kleinen Schüssel schnell verquirlen, Salz nach Geschmack und Kurkumapulver unterrühren. Rühren Sie nicht zu viel – ein paar Klümpchen stören nicht. Damit das Tempura schön knusprig wird, ist es wichtig, kalte Zutaten zu verwenden, nicht zu viel zu rühren und den Ausbackteig sofort zum Frittieren zu verwenden.

Die Gemüsescheiben mit Küchenpapier trocken tupfen und in Mehl wälzen. So haftet der Ausbackteig besser. Das Sonnenblumenöl in einer Pfanne heiß werden lassen. Ein paar Gemüsescheiben in den Ausbackteig tauchen und hell goldgelb frittieren. Pro Person rechnet man ca. 4 Gemüsestücke. Wenn Sie das Gefühl haben, dass der Teig zu dünn ist und nicht richtig am bemehlten Gemüse haftet, rühren Sie noch ein bisschen mehr Mehl unter.

Das Tempura-Gemüse auf Küchenpapier abtropfen lassen und sofort servieren. Die gekochten und abgetropften Nudeln in der Kombu-Brühe mit den Sesamkörnern bestreut und mit dem Tempura-Gemüse als Beilage servieren.

Herzhafte Miso-Suppe

Kürbisse sind toll! Sie sind nicht nur lecker und nahrhaft, sondern enthalten auch viel Beta-Karotin, eines der wichtigsten Antioxidantien. Dasselbe gilt auch für Karotten, falls Sie keinen Kürbis zur Hand haben. Das ist eine tolle Suppe zum Aufwärmen, die gleichzeitig Ihren Körper mit lebenswichtigen Enzymen aus der Misopaste versorgt.

60 g Zwiebeln, gewürfelt

2 EL dunkles Sesamöl

60 g Kürbis, geschält, entkernt und gewürfelt, oder Karotten, geschält und gewürfelt

4 Knoblauchzehen, zerdrückt

1 EL zerdrückter frischer Ingwer

Meersalz

800 ml kaltes Wasser oder Bouillon (ungesalzen)

1 EL Gersten- oder Reismiso

¼ geröstetes Noriblatt, in kleine Stücke geschnitten

1 EL geröstete Sesamkörner

1 EL glatte Petersilie, gehackt

2–3 Portionen

Die Zwiebeln in einem großen Topf im Sesamöl ca. 1 Minute lang anschwitzen, anschließend Kürbis oder Karotte, Knoblauch, Ingwer und 1 Prise Salz hinzufügen. Die Mischung eine Weile lang dünsten lassen, dann kaltes Wasser oder Bouillon hinzufügen. Zugedeckt zum Kochen bringen, dann die Hitze reduzieren und die Suppe so lange kochen lassen, bis das Gemüse zart ist.

60 ml von der heißen Suppe abnehmen und in einer kleinen Schüssel mit der Misopaste mit einer Gabel gründlich verrühren, bis sich die Paste vollständig aufgelöst hat. Die Misomischung zurück zur Suppe gießen. Probieren und bei Bedarf nachwürzen. Den Herd ausschalten und die Suppe zugedeckt ein paar Minuten lang ruhen lassen. Mit klein geschnittenem Nori, Sesamkörnern und gehackter Petersilie bestreut servieren.

Sie können in einer Suppe verschiedene Arten Misopaste kombinieren. Hatcho-Miso (aus Sojabohnen) zum Beispiel ist hochwertig, besitzt aber einen starken Geschmack. Kombinieren Sie doch einmal ½ Esslöffel Sojamiso mit ½ Esslöffel Gerstenmiso, um alle Vorteile der beiden Sorten auszuschöpfen. Bei wärmerem Wetter können Sie dunkles Miso durch süßes helles Miso ersetzen, das um einiges milder ist.

Etwas Süßes

Weiche Schokoladenplätzchen

Sie stecken voller Kakaogeschmack, sind aber nicht zu süß und befriedigen Ihren Heißhunger auf Schokolade in dem Moment, in dem Sie hineinbeißen! Sie sollten sie mehrmals backen, um herauszufinden, ob Sie sie lieber weich und zäh mögen oder eher ein bisschen knuspriger.

60 g zartbittere vegane
  Schokolade, in Stücke
  gebrochen

80 ml Sonnenblumenöl

75 ml Sojamilch

180 ml Reis-, Ahorn- oder
  Agavensirup

1 Msp Bourbon-Vanillepulver

130 g Mehl

2 EL Kakaopulver

1 Msp gemahlener Zimt

¾ TL aluminiumfreies
  Backpulver

1 Pr Meersalz

Ergibt ca. 24 Plätzchen

Die Schokolade über einem heißen Wasserbad schmelzen lassen. Öl, Milch Sirup und Vanillepulver in einer großen Schüssel verquirlen. Die geschmolzene Schokolade unterrühren. Den Backofen auf 180 °C vorheizen. Mehl, Kakaopulver, Zimt, Backpulver und Salz zu den feuchten Zutaten in die Schüssel sieben. Mithilfe eines Teigschabers alles zu einem homogenen weichen Teig verarbeiten. Er sollte nicht vom Löffel rutschen. Falls er das doch tut, stellen Sie ihn für 10 Minuten in den Kühlschrank.

Ein Backblech mit Backpapier auslegen und mithilfe eines Esslöffels im Abstand von 1 cm Teighäufchen aufs Blech setzen. 12–14 Minuten lang backen. Da der Teig von Anfang an dunkel ist, können die Plätzchen leicht unbemerkt verbrennen. Außerdem sollen sie sich noch weich anfühlen, wenn sie aus dem Ofen kommen. Kontrollieren Sie also nach 12 Minuten, ob die Plätzchen schon durch sind, und lassen Sie sie höchstens 14 Minuten lang im Ofen.

Das Blech aus dem Ofen nehmen und die Kekse mit dem Backpapier auf einem Kuchengitter abkühlen lassen. In einer Plätzchendose halten sie sich ca. 1 Woche lang.

Panna cotta

Der italienische Name dieser Süßspeise bedeutet übersetzt „gekochte Sahne", und genau das ist es auch: gekochte Milch und Sahne, eingedickt mit Gelatine. Ich verwende natürlich pflanzliche Milch und Sahne sowie das aus einer Alge gewonnene großartige Geliermittel Agar-Agar. Dies ist ein sehr leichtes und cremiges Dessert, für dessen Zubereitung man nur ein paar Minuten benötigt – und ein bisschen Geduld, während es im Kühlschrank fest wird.

220 ml Vanille-Hafermilch

220 ml Hafersahne

1 gehäufter TL Agar-Agar-
   Flocken

1 Msp Bourbon-Vanillepulver

60 ml Agavensirup

Sauce

3 EL Haselnussbutter

1 TL Kakaopulver

2 EL Agavensirup

Etwas Nussmilch (S. 16) oder
   Wasser, falls nötig

3 Portionen

Hafermilch und -sahne in einem Topf vermischen und das Agar-Agar hinzufügen. Einmal aufkochen lassen, dann die Hitze reduzieren und die Mischung 5 Minuten lang kochen lassen, bis sich das Agar-Agar aufgelöst hat und keine Flocken mehr erkennbar sind. Vanillepulver und Agavensirup mit dem Schneebesen unterrühren und die Mischung noch einmal aufkochen lassen. In Förmchen füllen und für mindestens 1 Stunde in den Kühlschrank stellen.

Aus den Förmchen auf Teller stürzen. Falls nötig, mit einem Messer um den Rand fahren, um die Panna cotta zu lösen.

Für die Sauce die ersten 3 Zutaten so lange miteinander verrühren, bis eine glatte und nicht zu dickflüssige Sauce entsteht. Wenn man sie über die Panna cotta gießt, sollte sie langsam an den Seiten herunterlaufen. Nötigenfalls mit ein wenig Nussmilch oder Wasser verdünnen.

Hafermilch und -sahne können problemlos durch Sojamilch und -sahne ersetzt werden. Wenn Sie vorhaben, die Panna cotta aus selbst gemachter Nussmilch (S. 16, Haselnussmilch eignet sich für dieses Rezept am besten) zuzubereiten, sollten Sie bedenken, dass selbst gemachte Nussmilch weniger intensiv im Geschmack ist und weniger Fett enthält, sodass die Panna cotta damit etwas wässriger schmeckt als mit gekaufter Milch. Außerdem besteht bei selbst gemachter Nussmilch die Tendenz, dass sich die festen von den flüssigen Bestandteilen trennen, während das Dessert im Kühlschrank kalt wird, sodass am Ende die Oberseite durchsichtig sein wird, der untere Teil eher milchig. Trotzdem ist das dann Ihre eigene Panna cotta, bei der Sie alles selbst gemacht haben! Die Sauce sollten Sie nicht weglassen, sie sorgt für noch mehr Nussaroma und zusätzliche Süße.

Luftiger Rührkuchen mit Erdbeercoulis

Das ist ein traumhaft leichter veganer Kuchen, den man mit Fruchtcoulis – oder Konfitüre, falls frische Beeren gerade keine Saison haben – bei einer Einladung zum Kaffee servieren kann. Kastanienmehl verleiht dem Kuchen ein dezentes nussiges Aroma, man kann es aber auch durch Kakao-, Carob- oder Kaffeepulver ersetzen.

Kuchen

30 g Kastanienmehl (oder Kakao-, Carob- oder Kaffeepulver)

Schale und Saft von 1 Zitrone

155 ml Sojamilch

140 g Hirsemehl

30 g Vollkorn-Hafermehl

½ TL Natron

½ TL aluminiumfreies Backpulver

1 Msp Bourbon-Vanillepulver

1 Pr Meersalz

3 EL Sonnenblumenöl

120 ml Reissirup

Erdbeercoulis

320 g frische Erdbeeren

2 EL Ahornsirup

1 TL Zitronensaft

1 Pr Meersalz

Eine geölte Springform mit 24 cm Durchmesser

6–8 Portionen

Bevor Sie den Kuchen backen, können Sie das Coulis zubereiten, indem Sie alle Zutaten vermischen und 30 Minuten lang stehen lassen. Mit einer Gabel die Beeren zerdrücken, um ein saftiges und leicht stückiges Coulis zu erhalten. Wenn Ihnen eine glatte Sauce lieber ist, können Sie es auch pürieren.

Falls Sie ungeröstetes Kastanienmehl verwenden, geben Sie es ohne Fett in eine Pfanne und erhitzen Sie es unter Rühren so lange, bis es goldgelb ist und duftet. Beiseite stellen.

Den Zitronensaft zur Milch geben und 10 Minuten lang stehen lassen. In der Zwischenzeit Kastanien-, Hirse- und Hafermehl mit dem Natron und dem Backpulver in eine Schüssel sieben, Vanille und Salz hinzufügen. Mit den Händen oder einem Schneebesen vermischen.

Den Backofen auf 180 °C vorheizen. Den Boden der Springform mit Backpapier bedecken, den Ring befestigen und überstehendes Papier abschneiden. Boden und Seitenwände mit Öl einpinseln. Das Öl und den Sirup zur Milch-Zitronen-Mischung geben. Diese flüssigen Zutaten zu den trockenen Zutaten gießen und mit einem Teigschaber sorgfältig vermischen. Möglichst wenig rühren, damit der Kuchen nicht zäh wird. Den Teig in die vorbereitete Backform gießen und glatt streichen. 18–20 Minuten lang backen. Garprobe mit einem Zahnstocher durchführen: Wenn keine Teigreste mehr daran haften, ist der Kuchen gar.

Den Kuchen vollständig erkalten lassen und anschließend mit einem Brotmesser in 6–8 gleich große Stücke schneiden. Unmittelbar vor dem Servieren einen Löffel Coulis über die Kuchenstücke geben.

Das schnellste Eis

Diese Art Eiscreme ist bei Rohköstlern sehr beliebt, zählt aber bei jedem, der es probiert, sofort zu den Favoriten. Obwohl im Internet viele ähnliche Rezepte kursieren, möchte ich Ihnen meine drei Lieblingssorten zeigen, die alle auf einer gemeinsamen Grundzutat basieren: vollreife gefrorene Bananen!

Basis

3 reife Bananen

Ein Gefrierbeutel

Für Beereneis braucht man zu den in Scheiben geschnittenen Bananen

160 g gefrorene oder frische Himbeeren, Sauerkirschen etc.

1 Msp Bourbon-Vanillepulver

2 EL Agavensirup

Für Doppel-Kakao-Eis braucht man zu den in Scheiben geschnittenen Bananen

2 EL Rohkakaopulver

2 EL Agavensirup

1 Msp gemahlener Zimt

1 EL Rohkakaostückchen (nach dem Pürieren untermischen)

Für Cappuccino-Haselnuss-Eis braucht man zu den in Scheiben geschnittenen Bananen

2 EL Kaffeepulver

1 TL Kaffeeextrakt

2 EL Ahornsirup

1 Msp Bourbon-Vanillepulver

4 EL Haselnüsse, ohne Fett geröstet und gehackt (nach dem Pürieren untermischen)

Je Rezept 2 Portionen

Die Bananen schälen und im Gefrierbeutel einfrieren. 10 Minuten vor der Verwendung herausnehmen.

Die gefrorenen Bananen mit einem scharfen Messer in Scheiben schneiden. Die Bananenscheiben zusammen mit allen anderen Zutaten für die jeweilige Eissorte in einen Hochgeschwindigkeitsmixer geben. Auf hoher Stufe mixen und den Spatel (das ist ein Werkzeug, das zum Mixer gehört und mit dem man die Zutaten nach unten Richtung Messer schiebt) verwenden, um den Zerkleinerungsprozess zu beschleunigen.

Wahrscheinlich können Sie das Eis auch in einer Küchenmaschine zubereiten, aber das wird vermutlich länger dauern und das Eis wird wegen der längeren Verarbeitungszeit weicher sein. Sofort servieren!

Dunkle Schokoladentarte

Wenn man dunkle Schokolade mit einer säuerlichen Beerensauce kombiniert, dann erhält man ein köstliches und gesundes Dessert.

Tarteboden

200 g Mehl

75 g Speisestärke

1 TL aluminiumfreies Backpulver

1 Pr Meersalz

120 g ungehärtete Margarine, gekühlt

60 ml brauner Reis- oder Agavensirup

Abgeriebene Schale von 1 Zitrone

Ganache

600 g weicher bis mittelfester Tofu

400 g vegane zartbittere Schokolade (60–70 % Kakaoanteil), in Stücke gebrochen

1 EL Zitronensaftkonzentrat

Abgeriebene Schale von 2 Zitronen

Brauner Reissirup oder ein anderes Süßungsmittel nach Belieben (optional)

Etwas pflanzliche Milch oder Sahne, falls nötig

Sauce

300 g Heidelbeeren, frisch oder gefroren

120 ml Wasser

120 ml Reissirup

Abgeriebene Schale und Saft von 1 Zitrone

1 EL Kuzu oder Speisestärke

Eine Tarte- oder Springform mit 28 cm Durchmesser

12 Portionen

Für den Tarteboden Mehl, Speisestärke, Backpulver und Salz in einer Küchenmaschine mithilfe der Impulstaste vermischen. Die Margarine hinzufügen und die Impulstaste 6- bis 8-mal betätigen, bis die Mischung wie grobes Mehl mit erbsengroßen Stückchen Margarine aussieht. Sirup und Zitronenschale hinzufügen und die Impulstaste ein paar Mal drücken. Wenn Sie etwas von dem krümeligen Teig zwischen den Fingern zusammendrücken und er zusammenhält, ist er fertig, sonst mischen Sie noch etwas Wasser unter, aber nicht zu viel, weil sonst der Boden hart wird. Den Teig auf eine saubere Arbeitsfläche häufen und nur so lange bearbeiten, bis sich eine Kugel formen lässt. Zu einer Scheibe formen, in Frischhaltefolie wickeln und für mindestens 3 Stunden in den Kühlschrank stellen, am besten über Nacht. 5–10 Minuten vor dem Ausrollen aus dem Kühlschrank nehmen.

Den Backofen auf 180 °C vorheizen. Für die Ganache den Tofu 10 Minuten lang in einem Topf blanchieren, anschließend abgießen. Die Schokolade über einem heißen Wasserbad schmelzen lassen. Tofu, Schokolade, Zitronensaft und -schale in einem Mixer sehr glatt pürieren. Ggf. den Sirup untermischen. Falls die Mischung zu zähflüssig ist, können Sie während des Mixens pflanzliche Milch oder Sahne hinzufügen.

Den Teig zwischen zwei Bögen Backpapier zu einer Scheibe mit 31 cm Durchmesser ausrollen und in die Backform legen. Überschüssigen Teig abschneiden. Eventuell entstandene Löcher mit Teigresten flicken. Den Boden mit einer Gabel einstechen und 8–10 Minuten lang backen. Die Ganache auf dem Tarteboden verteilen und glatt streichen. Etwa 15 Minuten lang backen, bis die Ränder hell goldgelb werden. Aus dem Ofen nehmen und abkühlen lassen.

Für die Sauce die Heidelbeeren, das Wasser, den Sirup sowie die Zitronenschale und den -saft in einem Topf bei mittlerer Hitze aufkochen. Kuzu bzw. Speisestärke in einer kleinen Schüssel mit etwas Wasser verrühren und langsam unter die Sauce rühren, ohne die Beeren zu zerdrücken. Ca. 5 Minuten lang köcheln lassen, bis die gewünschte Konsistenz erreicht ist. Unmittelbar vor dem Servieren über jedes Stück Tarte einen Löffel von der noch warmen Sauce geben.

Crêpes Dunjette

Dies ist eine gesündere Version der berühmten Crêpes Suzette, und da sie eier-, zucker- und butterfrei sind, habe ich sie nach mir benannt: Crêpes Dunjette! Ich verwende Agavensirup und Kokosöl, und das Ergebnis ist einfach unwiderstehlich.

165 ml Sojamilch

1 Msp aluminiumfreies Backpulver

1 Pr Meersalz

130 g Weizen- oder Hirsemehl

Kokosöl zum Ausbacken

Glasur

8 EL Agavensirup

Abgeriebene Schale und Saft von 4 Blutorangen (s. Anm.)

4 EL natives Kokosöl extra und zusätzlich zum Verfeinern

2–4 EL Rum (optional)

80 g vegane zartbittere Schokolade

4 Portionen

Sojamilch und 110 ml Wasser in einer Schüssel vermischen. Backpulver und Salz hinzufügen. Nach und nach das Mehl mit einem Schneebesen kräftig unterschlagen. Der Teig sollte dicker sein als ein Pfannkuchenteig mit Eiern. Mindestens 15 Minuten lang ruhen lassen.

Etwas Kokosöl in einer Pfanne erhitzen. Einen kleinen Schöpflöffel voll Teig in die Pfanne geben und diese etwas schwenken, damit sich der Teig darin gleichmäßig verteilt. Wenn die Ränder anfangen goldbraun zu werden, den Pfannkuchen umdrehen. Der Teig sollte für 8 mittelgroße Pfannkuchen ausreichen.

Die Hälfte des Agavensirups in einer separaten Pfanne bei mittlerer Hitze so lange erwärmen, bis er leicht karamellisiert. Den restlichen Agavensirup, den Blutorangensaft und die -schale hinzufügen und zum Kochen bringen. Kokosöl hinzufügen. Die Glasur sollte nicht zu dickflüssig sein.

Den Großteil der Glasur aus der Pfanne in eine Schüssel umfüllen. Einen Pfannkuchen in die Pfanne legen und zweimal falten, damit er gut mit Glasur bedeckt ist. Für den zweiten Pfannkuchen wieder etwas Glasur in die Pfanne geben und den Vorgang so oft wiederholen, bis alle Pfannkuchen glasiert sind. Am Schluss kann man ein bisschen Rum dazugeben, wenn man mag.

Die Schokolade über einem heißen Wasserbad schmelzen lassen und ein paar Tropfen Kokosöl unterrühren, damit sie glänzt. Unmittelbar vor dem Servieren über die Pfannkuchen träufeln.

Anmerkung: Wenn Sie keine Bio-Orangen bekommen, können Sie wasserlösliche Pestizide von der Schale entfernen, indem Sie die Orangen in eine Schüssel mit warmem Wasser legen. Geben Sie 2 Teelöffel Salz und 2 Teelöffel Natron dazu und lassen Sie sie mindestens 10 Minuten lang stehen. Die Orangen abtrocknen, dann die Schale abreiben und die Orangen auspressen.

Kaffeegranita mit Kokossahne

Ich bin keine Kaffeetrinkerin, aber ich liebe den Geschmack von Kaffee in Kuchen und Desserts. Ersatzkaffees sind sehr ähnlich im Geschmack, enthalten aber kein Koffein. Deshalb ist dieses Dessert auch für Kinder geeignet. Falls Sie keine Zeit haben, Kokossahne zu schlagen, können Sie die Granita auch mit gekaufter Soja- oder Reisschlagsahne servieren. Allerdings macht der Kokosgeschmack dieses Dessert noch um einiges leckerer.

Granita

45 g Roh-Rohrzucker

3 EL Ersatzkaffee (z. B. Karo-Kaffee oder Linde's Kornkaffee) und zusätzlich zum Servieren

1 EL Kaffeeextrakt

1 Msp Bourbon-Vanillepulver

Kokosschlagsahne

400 ml Kokosmilch aus der Dose (60 % Fett), über Nacht gekühlt

1 EL Roh-Rohrzucker

Vegane zartbittere Schokoladenspäne zum Servieren

3–4 Portionen

Für die Granita 230 ml Wasser und Zucker in einem Topf vermischen und zum Kochen bringen. Den Ersatzkaffee mit einem Schneebesen einrühren und nochmals aufkochen lassen. Vom Herd nehmen und Kaffeeextrakt und Vanille unterrühren. Vollständig erkalten lassen, in ein flaches Gefäß füllen und für 15 Minuten ins Tiefkühlfach stellen.

Herausnehmen und mit einer Gabel umrühren, um die Eiskristalle zu zerkleinern. Nochmals für ca. 25 Minuten einfrieren, bis die Ränder vereist sind und die Konsistenz an Schneematsch erinnert. Mit einer Gabel aufschlagen, wieder einfrieren und nach 20 Minuten nochmals durchrühren, um die gefrorenen Bereiche gleichmäßig zu verteilen. Zudecken und ins Tiefkühlfach stellen. Vor dem Servieren herausnehmen und mit einer Gabel aus dem Gefäß kratzen, sodass sich Eisflocken bilden. Die Granita können Sie ein paar Tage im Voraus zubereiten.

Für die geschlagene Kokossahne die gekühlte Kokosmilch öffnen, ohne die Dose zu schütteln. Oben in der Dose hat sich nämlich der feste, fetthaltige Teil der Kokosmilch abgesetzt, und nur den brauchen Sie. Vorsichtig entnehmen und in ein hohes, schmales Gefäß füllen. Achten Sie darauf, dass Sie keine Flüssigkeit von unten mit untermischen, weil sich sonst die Sahne nicht richtig schlagen lässt. In einem Mixer (oder mit einem elektrischen Handrührgerät) auf hoher Stufe 2–3 Minuten lang schlagen, bis die Sahne anfängt, dicker zu werden. Den Zucker hinzufügen und weitere 3–5 Minuten lang schlagen. Haben Sie Geduld! Manchmal bildet die Sahne weiche Spitzen, manchmal bleibt sie dickflüssig – je nachdem, wie gut Sie den festen Teil von der Flüssigkeit getrennt haben. Auf jeden Fall schmeckt sie sehr lecker! Wenn Sie möchten, dass die Sahne schneeweiß wird, dann verwenden Sie statt des braunen Rohrzuckers Puderzucker.

Zum Servieren die Granita in dekorative Gläser füllen, etwas Sahne daraufgeben und mit Schokoladenspänen bestreuen. Sofort servieren.

Crumble im Glas

Ein Crumble ist ein ausgezeichnetes Dessert, aber das Problem mit der traditionell gebackenen Obst-Streusel-Kombination ist, dass man sie frisch zubereitet essen muss. Der Streuselbelag saugt sich nämlich nach einer Weile mit dem Obstsaft voll und am Ende hat man nur noch Matsch übrig. Deshalb habe ich ein Rezept für einen Crumble erfunden, der immer knusprig bleibt und den Sie im Voraus zubereiten können.

Streuselbelag

50 g Walnusshälften

130 g Weizen- oder Hirsemehl

80 g Roh-Rohrzucker

1 Msp gemahlener Zimt

1 Pr Meersalz

90 g kalte ungehärtete Margarine

Obstmasse

500–600 g frisches Obst, vorbereitet gewogen (je nach Saison Mangos, Birnen, Äpfel, Pfirsiche, Kirschen oder Pflaumen)

6 EL Agaven- oder Ahornsirup

1 Msp Bourbon-Vanillepulver oder gemahlener Zimt

2 TL Zitronensaft

4 Portionen

Den Backofen auf 180 °C vorheizen. Die Walnüsse auf einem Backblech verteilen und 10 Minuten lang rösten. Die Nüsse aus dem Ofen nehmen, abkühlen lassen und grob hacken. In einer Schüssel Mehl, Zucker, Zimt und Salz vermischen. Die Margarine hinzufügen und mit den trockenen Zutaten verreiben, bis feine Krümel entstehen. Jetzt die gehackten Walnüsse untermischen. Auf ein mit Backpapier ausgelegtes Backblech geben und 15–17 Minuten lang rösten. Währenddessen alle 5 Minuten umrühren, damit die Streusel gleichmäßig geröstet werden. Abkühlen lassen und in einem fest verschlossenen Glas aufbewahren.

Das Obst waschen, schälen, entsteinen/entkernen und in Spalten schneiden. Falls das Obst sehr reif und weich ist (was besonders bei Mangos, Pfirsichen, Aprikosen und Birnen vorkommen kann), pürieren Sie es einfach mit den restlichen Zutaten und etwa 125 ml Wasser in einer Küchenmaschine oder einem Mixer. Falls das Obst gerade so reif ist oder sogar noch etwas unreif, geben Sie es in einen Topf und fügen Sie Wasser (so viel, dass es 1 cm hoch im Topf steht), Sirup und Vanille bzw. Zimt hinzu. Zugedeckt zum Kochen bringen, dann die Herdplatte auf die niedrigste Stufe stellen und das Obst 10 Minuten köcheln lassen oder noch länger, wenn Sie sehr weiches Obst mögen. Den Zitronensaft untermischen.

Die Obstmasse in Dessertgläser füllen und mit je 3 Esslöffeln Streuseln belegen. Fertig zum Servieren!

Register

Dank

Ich möchte mich bedanken:

Bei allen, die ich auch in meinen vorigen Büchern erwähnt habe. Die Unterstützung, die ich von all den lieben Menschen um mich herum erfahre, ist unendlich groß und sorgt dafür, dass es mir gut geht und ich glücklich bin.

Bei den neuen Team-Mitgliedern von Ryland Peters & Small, die sehr hart dafür gearbeitet haben, dass das Buch so schön geworden ist!

Keine Danksagung ist vollständig, solange ich mich nicht bei den pelzigen Mitgliedern unserer Familie dafür bedankt habe, dass sie so weich und flauschig sind. Das Entspannen nach einem harten Arbeitstag in der Küche wäre weniger wirksam und vergnüglich, wenn nicht unsere zwei albernen Katzen dabei auf unserem Schoß schlafen oder uns bei unseren nachmittäglichen Spaziergängen in den Wald folgen würden.

Und ich muss mich natürlich bei der Natur dafür bedanken, dass sie uns mit ihren wunderbaren Früchten versorgt, die mich zu immer neuen Rezepten inspirieren, die Nahrung für Körper und Geist sind.